# 博士からの指令！

# ナゾ解き小学英語

石井辰哉 著

**2**

JN079082

ベレ出版

# 保護者の方へ

本書は、小学5年生から6年生のお子さんが、英語の文法を1人でも楽しく学べることを目指して執筆しました。もちろん、単に知識を詰め込んでもらうことが目的ではありません。あくまでも、スキルとして習得し、特に「話す・聞く」で使えるようにするのが主眼です。

次の2つが大きな柱となっています。

## ■ 自分で法則を発見する謎解き形式

文法の説明を読んで理解するだけというのは、よほど好きでない限り、つまらないものです。そこで、本書では、ナゾ解きとして例文を見比べ、背後に隠れている法則を自分で発見するという方式をとっています。また、長い説明を極力控え、英語の文法を使った推理クイズもふんだんに取り入れるなど、「難しいお勉強」ではなくナゾ解きゲームのつもりで取り組んでもらえるようにしています。クイズが好きなお子さんなら、きっと最後まで楽しんでいただけるでしょう。そして、1つ1つのナゾを解いていくうちに、いつの間にか文法が理解できているはずです。

## ■ スピーキングとリスニングの反復練習

文法が納得できれば、次に大切なのは、それを使えるようにすることです。そのために、文法項目別に話す練習と聞く練習を行います。何度も繰り返すことで、頭を使わなくても正しい文を話し、正確に意味が理解できるようになります。文法習得の目的は、頭を使わなくても使えるようにすることです。2巻まできちんとこなせば、話せることと、聞いて理解できることがかなり多くなっていることでしょう。

この他に、以下のような特長があります。

### ■ 読んでるだけで楽しい！ 会話形式の解説

博士とケンタとカスミという3人のキャラクターを登場させ、会話形式で文法を説明しています。ケンタとカスミと一緒に英語を学んでいる気分になれば、臨場感も増し、より内容がわかりやすくなります。なお、本書は、1つ1つの練習問題をこなして読み進めるよりも、最初にこの会話の部分だけを物語のように一気読みするだけでも楽しく、また、ためになります。

### ■ イラストをふんだんに使用

できるだけ興味を持続し、そして、文字だけの学習にならないよう、イラストを多用しています。イメージで単語や文法を覚えられて、効率的です。

### ■ 興味を持つような例文、普段の生活に関わる英文

文法の学習だからといって、つまらない例文である必要はありません。興味が湧くことや普段の生活に関わる例文のほうが、より深く実感できて理解が深まるでしょう。たとえば、次のような例文を収録しています。

|  |  |
|---|---|
| 携帯電話がほしい | 縄跳びの二重跳びができる |
| リップを塗る | ハルカの彼氏ってめっちゃイケメンよ |
| 強いデッキを組む | モンスターを召喚する |

興味が持てることを優先して、あえて難しい単語も入れています。日本語でも、大人が「召喚する」という言葉を使うのはまれですが、カードゲームが好きな子供は毎日のように言っていますよね。そして、興味のある英文のほうが話していて楽しいですし、すぐに単語も覚えられます。

## ■ 様々な単語を覚えられる

楽しそうな単語だけでなく、日常生活でよく使う単語も幅広く使用し、その多くを、複数の問題で使用しています。これにより、練習問題を解いているうちに反復することになり、自然と暗記できるようにしています。

## ■ ネイティブの子供の音声

お子さんの親近感が湧くようにネイティブの子供に英文を吹き込んでもらっています。

なお、本書は1～2巻合わせて、小学校から中学1年生までに学習する文法項目の大半をカバーしています。中学生で本格的に始まる文法学習への架け橋として、あるいは、文法が苦手な中学生の復習用としてもお使いいただけます。

最後に、本書は、25年以上にわたり講師として培ったメソッドに加えて、小学生だった息子に文法を教えた実体験をもとにしています。当時は、参考書のように小難しくなく、1人でも楽しくできて、かつ、きちんとした文法を学べるという教材があまりなくて苦労しました。あのとき、こんな本があったらよかったのに、と思いながら執筆したのが本書です。完成に時間がかかり、息子には使ってやれませんでしたが、その分、みなさまのお子さんが少しでも文法に興味を持ち、英語を好きになるお役に立てれば、著者として、1人の講師として、そして息子を持つ父親として、これ以上の幸せはありません。おそらく一生付き合うことになる英語の学習は始まったばかり。すばらしいスタートを迎えられることをお祈りしております。

石井辰哉

# 登場人物

## カスミ

明るくて活発な女の子。コツコツ勉強する努力家。持ち前の分析力で、英語のナゾを解き明かす。幼なじみのケンタとは、いつもからかい合っているが、実はとても仲がいい。お菓子が大好き。

## ケンタ

やんちゃだが心優しい男の子。カスミをイジるのが好きだが、たいてい言い負かされる。勉強はわりと適当にすましてしまうものの、天性の直感力で、英語の法則を見抜くときがたまにある。ゲームが大好き。

## ヤマノ博士

カスミとケンタに英語を教える先生。どこかの大学で先生をしているらしい。実は、英語に関わる犯罪捜査に協力していて、章末の推理クイズでは、博士の扱った事件も出題される。

## 本書の構成

この本は3つの Chapter「章」からできていて、それぞれの Chapter は4つに分かれるよ。

- - - - - - - - - - - - - - - - - - - - - - - - - - - - - - - - - - - - - -

## 指令 ナゾを解け！

例文を読んで、そこから英語の法則を発見するページだよ。
英語にはこんなルールがあるというのを自分で見つけ出せ！

「私たちの会話も手がかりにしてね」

「いっしょにがんばろう！」

- - - - - - - - - - - - - - - - - - - - - - - - - - - - - - - - - - - - - -

## Practice

練習パートだよ。
文を作って、口に出す練習や、聞いて答える練習をするんだ。
ちなみに、Practice は「練習」の意味だ。

「ペラペラを目指せ！」

「何度も口に出して練習よ」

- - - - - - - - - - - - - - - - - - - - - - - - - - - - - - - - - - - - - -

## 博士のトリビア

英語に関する、ちょっと知ってるとすごい知識を博士が紹介するよ。難しくてわからなくても大丈夫。「へえ」とか「ふーん」って思えばそれで OK。英語の「物知り」を目指そう。ナゾナゾもあるよ！

 「読み物のつもりで気楽にね」

## ナゾ解きクイズ

それぞれの章の最後に、英語を使った推理クイズが出題されるよ。暗号解読から怪盗ポペンの予告状まで、学んだことを生かして見事に解き明かし、英語の名探偵を目指せ！

 「暗号解読と怪盗だって。なんかすごい！」

 「早くやってみたいわね！」

## 練習のお約束

英語の練習で大切なコツがいくつかあるよ。

① お勉強としてではなく、ナゾ解きクイズのように楽しんで
　読んでほしいな。

② 難しかったら飛ばして大丈夫。「ふうん」って思って次に進
　めばいい。1巻で学んだことも出てくるから、忘れていた
　ら読み返そう。

③ かならず口に出して練習しよう。なめらかに言えるようにな
　るまで何度も言ってみることが大切だよ。感情を込めて、
　本当に話しているつもりでね。

④ CDも聞こう。音声が収録されているとこ
　ろには右のマークがついているよ。DLは
　ダウンロード版で聞けるところだよ。

**CD Track 99**
DL Track 099

「さあいよいよ、ナゾ解きの続きだ。準備はいいかな?」

「ばっちりだよ! 楽しみだね」

「うん。全問正解を目指すわよ!」

「1巻で学んだことも出てくるから、復習しながら進めるといい
よ。では、健闘を祈る」

**音声ダウンロード方法**

① PC・スマートフォンで音声ダウンロード用のサイトにアクセスします。QRコード読み取りアプリを起動し、下記QRコードを読み取ってください。QRコードが読み取れない方はブラウザから http://audiobook.jp/exchange/beret にアクセスしてください。

② 表示されたページから、audiobook.jp への会員登録ページに進みます。
※音声のダウンロードには、audiobook.jp への会員登録（無料）が必要です。
※既にアカウントをお持ちの方はログインしてください。

③ 会員登録後、シリアルコードの入力欄に $\boxed{\text{4BQz4wkF}}$ を入力して「交換する」をクリックします。クリックすると、ライブラリに音源が追加されます。

④ スマートフォンの場合はアプリ「audiobook.jp」をインストールしてご利用ください。
PCの場合は、「ライブラリ」から音声ファイルをダウンロードしてご利用ください。

［ご注意］
■ ダウンロードには、audiobook.jp への会員登録（無料）が必要です。
■ PCからでも、iPhone や Android のスマートフォンからでも音声を再生いただけます。
■ 音声は何度でもダウンロード・再生いただくことができます。
■ 書籍に表示されている URL 以外からアクセスされますと、音声をご利用いただけません。URL の入力間違いにご注意ください。

ダウンロードについてのお問い合わせ先：info@febe.jp（受付時間：平日の10〜20時）

## ベレ出版ホームページからの音声ダウンロード方法

「ベレ出版」ホームページよりパソコンでダウンロードできます。（スマートフォン、タブレットの場合は上記の audiobook.jp のサービスをお使いください）

①「ベレ出版」ホームページ内、『博士からの指令！ ナゾ解き小学英語〈1〉〈2〉』の詳細ページにある「音声ダウンロード」ボタンをクリック。
（URL は https://www.beret.co.jp/books/detail/752 〜 756）

② ダウンロードコード $\boxed{\text{4BQz4wkF}}$ を入力してダウンロード。

［ご注意］
■ ダウンロードされた音声は MP3 形式となります。
■ iPod 等の MP3 携帯プレイヤーへのファイル転送方法、パソコン、ソフトなどの操作方法については、メーカー等にお問い合わせいただくか、取扱説明書をご参照ください。
● 音声の権利・利用については、小社ホームページにてご確認ください。

# Chapter

# 4

## can のナゾ

can には「（ジュースなどの）カン」の意味があるらしいけど、ここで習うのはそれじゃないんだって！何かしら？

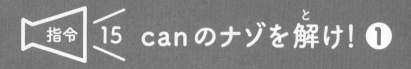
下記の英文は次のような意味を持つ。

CD Track 02
DL Track 002

I can ride a bicycle.

私は自転車に乗ることができる。

Kenji can dance very well.

ケンジはとてもうまくおどることができる。

You can speak English very well.

君は英語をとても上手に話すことができる。

ここから、can の意味と使い方を推理せよ。

そして、次の日本語を英文にせよ。

① ヨシコはうまくおどることができる。

（「おどる」dance 「うまく」well）

② 私は料理がとてもうまい。 （「料理する」cook）

③ タクヤはピアノをひくことができる。

（「（楽器など）をひく」play）

 「can の意味はわかったよ。 でも使い方って?」

 「どこに置けばいいかじゃない?」

 「そっか。 それならわかるかも」

 「でも、②が難<sub>むずか</sub>しいわね……」

 「日本語をそのまま英語にするのではなく、どう言えば同じことになるかを考えるんだ。料理がとてもうまいと言いたいなら、何をどのようにすることができる、と言えばいいかな?」

 「なるほど、そっか」

# 答え

can は「～することができる」の意味で、動詞の前に置く。

① Yoshiko can dance well.
② I can cook very well.

     😊 とてもうまく料理できると言えばいいんだね。

③ Takuya can play the piano.

 「can は『～することができる』という意味で、動詞の前に置くだけでいい」

| | |
|---|---|
| I     ride a bicycle. | 私は自転車に乗る。 |
| I can ride a bicycle. | 私は自転車に乗ることができる。 |

 「なんか簡単だな」

 「つけるだけとか置くだけっていいわよね」

 「そして、もう1つ can にはとてもいいことがある。主語によって形を変える必要がないし、後ろの動詞も原形（元の形）のままだ」

 「ますますイイ！」

 「では、また2人に文を作ってもらおう」

「じゃあ、私から」

## Kenta can touch hungry lions.
ケンタは腹はらをすかせたライオンにさわることができる。

（touch「さわる」 hungry「空腹くうふくな」）

「ブッ。さすがに無理でしょ。食べられちゃうよ。よし、それならぼくだって」

## I can beat Kasumi in many video games.

（beat「～に勝つ」 many「多くの」）

ぼくはたくさんのテレビゲームでカスミに勝つことができる。

「ほー。よく言ったわね」

「まあまあ、たまにはおたがいにホメてみてはどうかな」

「そうだなあ。じゃあ、カスミは歌がうまいから、これでどう?」

## Kasumi can sing very well.
カスミはとてもうまく歌うことができる。

「あら、うれしいこと言ってくれるじゃないの。じゃあ、そうね、ケンタは足が速いわよね。てことで」

## Kenta can run very fast.
ケンタはとても速く走ることができる。

「な、なんかてれるね」

「そ、そうね」

「ははは。2人とも正しい文だよ。それと、実は can にはもう1つ『〜してもよい』という意味がある」

**You can go home.**

あなたは家に帰ってもよい。

**You can play video games after dinner.**

君は夕食の後にテレビゲームをしてもよい。

「これって、日本語でも『することができる』と言うと、『してもよい』という意味にもとれるから、同じようなものか」

「そう言われてみればそうね」

「では、この意味で英文を作ってごらん」

「じゃあ、私からいくわよ。

**You can read my comic books.**

あなたは私のマンガを読んでもよい。

でどう？」

「お、ありがとう。借りたいのがあったんだ。じゃあ、ぼくも」

**You can play my video games.**

あなたはぼくのテレビゲームをしてよい。

「あら、ありがと」

「ふふふ。では、ここで問題を出すよ」

**問　題**

次の日本語を表すように、英文のカッコに正しい語を
1つずつ入れよう。

① 私はとてもうまく英語を話すことができます。

I [　　　　] [　　　　　　] English very well.

（「話す」speak）

② タケシは速く走ることができます。

Takeshi [　　　　] [　　　　] fast.

（「走る」run）

③ 私の母はピアノをひくことができます。

My mother [　　　　] [　　　　] the piano.

（「演奏する」play）

④ あなたは冷蔵庫の中にあるケーキを食べてもよい。

You [　　　　] [　　　　] the cake in the fridge.

（fridge「冷蔵庫」）

⑤ あなたは夕食の後に1時間テレビを見てもよい。

You [　　　　] [　　　　] TV for an hour after
dinner.

（for an hour「1時間」）

「そんなに、難しくないんじゃない?」

「そうね」

「できたら、下の答えを見よう」

 DL Track 003

① I 〔 can 〕〔 speak 〕 English very well.

② Takeshi 〔 can 〕〔 run 〕 fast.

③ My mother 〔 can 〕〔 play 〕 the piano.

④ You 〔 can 〕〔 eat 〕 the cake in the fridge.

⑤ You 〔 can 〕〔 watch 〕 TV for an hour after dinner.

「全部できたよ!」

「私もよ。can はけっこう簡単かも」

「それはよかった。それでは、話す練習をしてみよう」

## Practice 1 英語で言ってみよう!

次の日本文を英語にして声に出して言ってみよう。 単語がわからなかったら、 ヒントを見てもいいよ。

① ぼくは 25 メートル泳げる。
② ハナコは二重跳びができる。
③ あなたはこのテストの後に家に帰ってもよい。
④ あなたは夕食の後に 30 分間テレビゲームをしてよい。
⑤ ぼくのレベル 94 の魔術師は強力な呪文 (複数) をかけることができる。

> canは主語によって形が
> 変わらないから楽だ!

CD Track 03
DL Track 004

① 「25 メートル泳ぐ」swim 25 (twenty-five) meters
② 「(なわとびの) 二重跳びをする」do double-unders
③ 「家に帰る」go home 「このテストの後に」after this test
④ 「テレビゲーム」video game 「30 分間」for 30 minutes
⑤ 「レベル 94 の」level-94 (ninety-four) 「魔術師」wizard
「強力な」powerful 「呪文をかける」cast a spell

## Practice 2 英語で言ってみよう!

次の絵を見て「私は〜できる」と英語で言ってみよう。

例    I can play tennis.

①    ②    ③

④    ⑤

CD Track 04
DL Track 005

① 「ギター」guitar
② 「逆立ちをする」do a handstand
③ 「将棋を指す」play shogi
④ 「中国語を話す」speak Chinese
⑤ 「バク宙をする」do a back flip

# Practice 3 英語を聞いてみよう!

これはCDを聞く問題だ。「あなたは〜できる」と君のことを言い当てる英文が流れる。もし事実ならば○、ちがっていれば×を答えのらんに記入しよう。CDは何度聞いてもよい。

**例** CDから流れる音声

**CD Track 05**
DL Track 006

You can play the piano.
あなたはピアノがひけます。

答え _____×_____ 君がピアノをひけるなら○。
ひけないなら×。

① _____ ② _____ ③ _____

④ _____ ⑤ _____

 どうしてもわからないときだけ見てね。

**CD Track 06**
DL Track 007

① swim「泳ぐ」 25 (twenty-five) meters「25メートル」
② triple-unders「(なわとびの)三重跳び」
③ sing「歌う」 well「うまく」
④ cook「料理をする」
⑤ draw manga「マンガを描く」

# Answers  Practice 1-3

## Practice 1

CD Track 07
DL Track 008

① I can swim 25 (twenty-five) meters.

② Hanako can do double-unders.

③ You can go home after this test.

④ You can play video games for 30 minutes after dinner

⑤ My level-94 wizard can cast powerful spells.

　　❗呪文が1つなら a powerful spell でもいいよ。

## Practice 2

CD Track 08
DL Track 009

① I can play the guitar.　　　私はギターをひくことができる。

② I can do a handstand.　　　ぼくは逆立ちができる。

③ I can play shogi.　　　私は将棋を指すことができる。

④ I can speak Chinese.　　　ぼくは中国語を話せる。

⑤ I can do a back flip.　　　私はバク宙ができる。

## Practice 3

CD Track 05
DL Track 006

① You can swim 25 meters.　　　あなたは25メートル泳げる。

② You can do triple-unders.　　　あなたは三重跳びができる。

③ You can sing well.　　　あなたはうまく歌うことができる。

④ You can cook.　　　あなたは料理ができる。

⑤ You can draw manga.　　　あなたはマンガを描くことができる。

# 博士 の トリビア

## canの後の動詞の形

先ほどの説明では、動詞の前に can を置くだけと言ったけど、実は、動詞の形は原形（元の形）になるんだ。

### canの後は原形

**I** can **speak English.**　　　私は英語を話すことができる。

だから、be動詞は am/are/is ではなくて be が必要だ。

**We** **are good friends.**　　ぼくたちはいい友だちだ。
**We** can **be good friends.**　ぼくたちはいい友だちになれる。

### am/are/is の原形は be

ちなみに、気をつけるのは be 動詞のときだけではない。Chapter 6で学ぶけど、一般動詞（be動詞以外の動詞）も、主語によって形が変わる。そのときも can がつくと原形に戻るんだ。

**Tom play**s **tennis.**　　　　トムはテニスをする。

he/she/it の仲間は動詞に s がつく。くわしくは Chapter 6で。

**Tom** can **play tennis.**　　　トムはテニスができる。

### canの後は原形

「〜ない」を表す文を否定文と言うが、can を使った否定文「〜することができない」は次のように作るという。

CD Track 09
DL Track 010

| I can swim. | 私は泳ぐことができる。 |
| I can't swim. | 私は泳げない。 |

| You can run fast. | あなたは速く走ることができる。 |
| You can't run fast. | あなたは速く走ることができない。 |

| My father can drive. | 私の父は車の運転ができます。 |
| My father can't drive. | 私の父は車の運転ができません。 |

それでは、どうすれば否定文が作れるか、その法則を見つけよ。

そして、次の日本語を英語に直せ。

① 私は明日、買い物に行くことができない。

（「買い物に行く」go shopping 「明日」tomorrow）

② ハナコは自転車に乗れない。

（「乗る」ride 「自転車」bicycle）

③ 私たちは今日、ケンを訪ねることができません。

（「私たちは」we 「訪ねる」visit）

・・・・・・・・・・・・・・・・・・・・・・・・・・・・・・・・・・

「うーん。これもへんな印（´）がついてるわね」

「でも、作り方は簡単な気がする」

「頭でわかるだけではダメだよ。なめらかに言えるようになるまで、くり返して口に出さないとね」

「そうか。それなら、うまく言えるまで10回でも20回でも、口に出して練習するよ」

「私もやるわよ！」

# 答え

動詞（原形）の前に can't を置く。

① I can't go shopping tomorrow.
② Hanako can't ride a bicycle.
③ We can't visit Ken today.

 「can を使った否定文は can't にするだけ。主語が誰かも関係ない。とにかく、動詞の前に can't を置くだけで『〜することができない』の意味になる。動詞も変形する必要がない」

I can swim.　　私は泳ぐことができる。

I can't swim.　　私は泳ぐことができない。

can't にすると「〜することができない」
の意味になる

 「置くだけってイイ！」

 「ではさっそく、何か文を作ってくれるかな」

 「はーい。これでどう？」

## My brother can't play the piano.
私の弟はピアノをひけません。

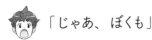「じゃあ、ぼくも」

## My father can't drive.
ぼくのお父さんは運転できません。

「ふむ。2人とも正解だ。なお、can't は cannot の短縮形だよ。話すときは、can't をよく使うので、can't に慣れておけばいいよ」

「はーい」

「そして、can't にはもう1つ、『〜してはいけない』という意味がある」

## You can't enter the room.　（enter「入る」）
君はその部屋に入ってはいけません。

「そっか『君は部屋に入ることができない』という意味を考えたら、それもアリってことか」

「can にも『してもよい』という意味があったのと同じよね」

「その通り。英語では1つの言い方で2つ以上の意味があることがよくあるので、何が言いたいのか察してやることが大切なんだよ」

「なるほど〜」

「空気読めってことね」

「その通り。では、これを使って文を作ってごらん」

「じゃあ、私から」

**You can't play video games every day.**
あなたは毎日テレビゲームをしてはいけない。

「なら、ぼくだって」

**You can't eat a snack before dinner.**
あなたは夕食の前にお菓子を食べてはいけない。

「……そんなの当たり前よね」

「ね〜」

「ははは。では、ここで、これまでに学んだいろいろな文の否定文の作り方をまとめておこう」

■be動詞を使った文　➡　not をたすだけ

I am a teacher.　　　　私は教師です。
I am not a teacher.　　私は教師ではありません。

■ 一般動詞を使った文　➡　don't（=do not）をつける。

I like cats.　　　私はネコが好きです。

I don't like cats.　　　私はネコが好きではありません。

not をたすだけじゃないのに注意。
do not または、短縮形の don't をたすんだよ。

※ただし、例外がある。くわしくは Chapter 6 で学ぶよ。

■ can を使った文　➡　not をたすだけ。

I can play the piano.
　　　　　　　　ぼくはピアノをひくことができます。

I cannot play the piano.
（can't）　　　ぼくはピアノをひくことができません。

ふつうは短縮形の can't を使えばいい。
ちなみに、cannot は、なぜか can と not の間に
スペースは入らないので注意。

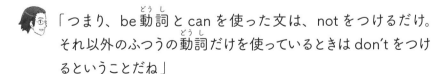 「つまり、be 動詞と can を使った文は、not をつけるだけ。
それ以外のふつうの動詞だけを使っているときは don't をつけ
るということだね」

 「なるほど」

 「まとめてみるとよくわかるわね」

「それはよかった。では、問題だよ」

---

## 問 題

日本語に合うように、次の英文のカッコに正しい語を
1つずつ入れよう。

① 私はピアノがひけません。

I [　　　　] play the piano.

② ぼくはうまく歌えません。

I [　　　] [　　　　] well.

③ ぼくはテレビを見ません。

I [　　　] watch TV.

④ 私は逆立ちができません。

I [　　　] do a handstand.

（handstand「逆立ち」）

⑤ 学校におもちゃを持ってきてはいけません。

You [　　　] [　　　　] toys to school.

（「持ってくる」bring）

---

「もしかして、③はひっかけ問題?」

「ふふふ。その通り!」

「そっか、『できない』って意味じゃないもんね」

「できたら、下の答えを見よう」

**答え**　（DL Track 011）

① I [ can't ] play the piano.

② I [ can't ] [ sing ] well.

③ I [ don't ] watch TV.

④ I [ can't ] do a handstand.

⑤ You [ can't ] [ bring ] toys to school.

「もう少しで③の問題にひっかかるところだったわよ」

「ほんとだよ」

「そうだね。『見ることができない』ではなく『見ない』の意味
だからね。では、話す練習をしてみよう」

## Practice 1 　英語で言ってみよう！

次の日本文を英語にして口(くち)に出してみよう。

① ぼくは後転（後ろでんぐり返り）ができない。

② ぼくは明日タカシとつりに行くことができない。

③ 私の宿題を写しちゃだめよ！

④ ごめんなさい。ぼくは今あなたを助けることができません。

⑤ あなたの最初のターンで、このモンスターを召喚(しょうかん)することはできません。

難(むずか)しい単語は、下のヒントを見てもいいよ。その代わり、うまく言えるようになるまで、くりかえして口(くち)に出そう。

CD Track 10
DL Track 012

## ヒント

① 「後転する」do a backward roll

② 「つりに行く」go fishing 　「タカシと」with Takashi

③ 「写す、コピーする」copy 　「宿題」homework

④ 「助ける」help 　「今」now

⑤ 「召喚(しょうかん)する」summon 　「このモンスター」this monster
「あなたの最初のターンで」in your first turn

## Practice 2 英語で言ってみよう!

次の絵を見て「私は〜できない」と英語で言ってみよう。

例  I can't skate.

①

②

③

④

⑤

CD Track 11
DL Track 013

① 「料理をする」cook
② 「自転車に乗る」ride a bicycle
③ 「後転する」do a backward roll
④ 「逆立ちする」do a handstand
⑤ 「50メートル走る」run 50 (fifty) meters
　 「10秒で」in 10 (ten) seconds

## Practice 3 英語を聞いてみよう!

これはCDを聞く問題だ。「あなたは〜できない」と、君のできないことを言い当てる英文が流れる。もし本当にそうなら○、はずれなら×を答えのらんに記入しよう。CDを何度聞き返してもよい。

**例** CDから流れる音声

CD Track 12
DL Track 014

You can't cook.

あなたは料理ができません。

答え ___×___　　その通りなら○。はずれなら×。

① _____　② _____　③ _____

④ _____　⑤ _____

 ヒント　どうしてもわからないときだけ見てね。

CD Track 13
DL Track 015

① swim「泳ぐ」　25 (twenty-five) meters「25メートル」
② double-under「（なわとびの）二重跳び」
③ sing「歌う」　well「うまく」
④ recorder「リコーダー」
⑤ draw manga「マンガを描く」

# Answers  Practice 1-3

## Practice 1

CD Track 14
DL Track 016

① I can't do a backward roll.

> 🔋 can't の代わりに cannot でもいいよ。以下同じ。あと、前転（前方の<ruby>前転<rt>ぜんぽう</rt></ruby>でんぐり返り）は forward roll と言うよ。

② I can't go fishing with Takashi tomorrow.

③ You can't copy my homework!

④ I'm sorry. I can't help you now.

⑤ You can't summon this monster in your first turn.

> 🔋 summon は<ruby>難<rt>むずか</rt></ruby>しい単語だから、言えたらすごい！ ちなみに、「<ruby>召喚士<rt>しょうかんし</rt></ruby>」は summoner だ。

## Practice 2

CD Track 15
DL Track 017

① I can't cook.

　　　私は料理ができません。

② I can't ride a bicycle.

　　　ぼくは自転車に乗れない。

③ I can't do a backward roll.

　　　私は後転ができません。

④ I can't do a handstand.

　　　ぼくは<ruby>逆立<rt>さかだ</rt></ruby>ちができない。

⑤ I can't run 50 meters in 10 seconds.

　　　私は 50 メートルを 10 秒で走れない。

① You can't swim 25 meters.

あなたは 25メートル泳ぐことができない。

② You can't do double-unders.

あなたは二重跳びができない。

💧 ちなみに、「三重跳び」は triple-under と言うよ。

③ You can't sing well.

あなたはうまく歌えない。

④ You can't play the recorder well.

あなたはリコーダーをうまく吹くことができない。

⑤ You can't draw manga.

あなたはマンガが描けない。

ホントに話しているつもりに
なって、言うのがコツよ。

## 博士 の トリビア

# 十二星座

CD Track 16
DL Track 018

星座や占いに興味があるかな？ それなら、十二星座を覚えておこう。読み方が難しいので、CDを聞いて覚えよう。

| | | | |
|---|---|---|---|
| おひつじ座  **Aries** | おうし座  **Taurus** | ふたご座  **Gemini** | かに座  **Cancer** |
| しし座  **Leo** | おとめ座  **Virgo** | てんびん座  **Libra** | さそり座  **Scorpio** |
| いて座  **Sagittarius** | やぎ座  **Capricorn** | みずがめ座  **Aquarius** | うお座  **Pisces** |

**What's your zodiac sign?**　あなたの星座は何ですか？
（zodiac sign「（占星術の）星座」）

**I'm a Capricorn.**　ぼくはやぎ座です。
**I'm an Aquarius.**　私はみずがめ座です。

canを使った疑問文「～することができますか?」は、次のように
なるという。

CD Track 17
DL Track 019

You can run fast.　　あなたは速く走ることができます。

Can you run fast?　　あなたは速く走ることができますか?


Kenta can swim well.

　　　　　　　ケンタは上手に泳ぐことができる。

Can Kenta swim well?

　　　　　　　ケンタは上手に泳げますか?


Jun and Haruka can dance well.

　　　ジュンとハルカは上手におどることができる。

Can Jun and Haruka dance well?

　　　　ジュンとハルカは上手におどることができますか?


それでは、実際にどのように作ればいいか、法則を当てよ。

そして、次の日本語を英語にせよ。

① あなたは馬に乗れますか？

（「乗る」ride 「馬」horse）

② あなたは早起きできますか？

（「起きる」get up 「早く」early）

③ あなたは私のお誕生日会にこられる？

（「誕生日会、誕生日パーティー」birthday party）

・・・・・・・・・・・・・・・・・・・・・・・・・・・・・・・・・・・・

「作り方は一瞬でわかっちゃった。ぼくって天才？」

「私だって！」

「いや、だから頭でわかるだけではダメで、ペラペラと話せるかどうかが大切だよ。文法がわかっても話せない日本人は多いからね」

「何度も口に出して練習しないとだめなのね」

「その通りだ。なわとびやけん玉と同じだよ。くり返した人がうまくなる」

「ようし、しゃべりたおすぞ！」

## 答え

can を文頭に置いて、 ？マークをつける。

① Can you ride a horse?
② Can you get up early?
③ Can you come to my birthday party?

「can を使った疑問文は、can を文の先頭に持ってくればいい だけ。 それだけで『～することはできますか?』の意味になる。 それと、最後の?『クエスチョンマーク』は忘れずにね」

あなたはバイオリンをひくことができる。

**You can play the violin.**

あなたはバイオリンをひくことができますか?

**Can you ⬚ play the violin?**

can を前に出す

?を忘れずに

「かんたーん」

「よゆうよね」

「答え方は、たとえば主語がIだと

**Yes, I can.**
**No, I can't.**

となる。主語が女性なら she、男性なら he だね。そして、
Yes の代わりに1巻でやった Sure『もちろん』(1巻 p.104)
などと言ってもいいし、Yes/No だけでもいい。そこは会話だ
から、言いたいように言えばいいんだ。では、文を作ってみて」

「じゃあ、私から行くわよ」

**Can you ski?**                （ski「スキーする」）

「ふふん」

**Sure, I can! I can ski very well!**

（very well「とてもうまく」）

「え、そうなの？ やるじゃない」

「なら、ぼくだって」

**Can you do a handstand?**

（do a handstand「逆立ちする」）

「Yes, I can! 私、逆立ち得意なのよ」

「へえ」

「いいだろう。2人とも正解だ。さて、このほかにも、実は can を使った疑問文には別の重要な意味がある」

■ Can I ～? 　～してもいい?

### Can I open the window?
窓を開けてもいい?

■ Can you ～? 　～してくれない?

### Can you open the window?
窓を開けてくれない?

「これも、『私は～することができますか』『あなたは～することができますか』という意味から考えてもわかるわね」

「ひひひ、じゃあ、カスミ

### Can I eat your cake?

君のケーキを食べてもいい?」

「No, you can't! そんなのダメに決まってるでしょ」

「ははは。では、ここで問題を出すよ」

次の日本語を表すように、英文のカッコに正しい語を
1つずつ入れよう。

① 「君は100メートル泳げるの?」「はい、泳げます」

[　　　　　] you swim 100 meters?

Yes, [　　　] [　　　].

② 「君の自転車を借りてもいいかい?」「もちろん」

[　　　　] [　　　　　　] borrow your bike?

[　　　　]. 　　　　　　　　（borrow「借りる」）

③ 「ここで待っててくれる?」「ごめん、無理です」

[　　　　] [　　　　　] wait here?

Sorry, I [　　　　]. 　（wait「待つ」here「ここで」）

④ 「アイコは料理ができますか?」「はい、できます」

[　　　　] [　　　　　] cook?

Yes, [　　　　] can.

⑤ 「君はチェスができるかい?」「いいえ、できません」

[　　　] [　　　] [　　　　] chess?

No, I [　　　　].

「できたら、下の答えを見よう」

答え                                （ DL Track 020 ）

① [ Can ] you swim 100 meters?

Yes, [ I ] [ can ].

② [ Can ] [ I ] borrow your bike?
[ Sure ].

③ [ Can ] [ you ] wait here?
Sorry, I [ can't ].

④ [ Can ] [ Aiko ] cook?
Yes, [ she ] can.

⑤ [ Can ] [ you ] [ play ] chess?
No, I [ can't ].

「ひっくり返すって、おもしろいね」

「ほんとよ」

「うむ。それでは、話す練習をしてみよう」

## Practice 1 英語で言ってみよう!

次の文を英語にして口<ruby>口<rt>くち</rt></ruby>に出してみよう。

① あなたはバイオリンをひくことができますか?

② 君の宿題を写していいかい?

③ 君は<ruby>逆立<rt>さかだ</rt></ruby>ちができるかい?

④ あなたのえんぴつを借りてもいい?

⑤ 君は<ruby>前方宙返<rt>ぜんぽうちゅうがえ</rt></ruby>りができますか?

> can を使った<ruby>疑問<rt>ぎもん</rt></ruby>文は、ひっくり返せばよかったよね。

CD Track 18
DL Track 021

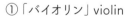

① 「バイオリン」violin

② 「写す、コピーする」copy 「宿題」homework

③ 「<ruby>逆立<rt>さかだ</rt></ruby>ちする」do a handstand

④ 「借りる」borrow 「えんぴつ」pencil

⑤ 「<ruby>前方宙返<rt>ぜんぽうちゅうがえ</rt></ruby>り(<ruby>前宙<rt>ぜんちゅう</rt></ruby>)をする」do a front flip

次の絵を見て、「あなたは〜することができますか」と英語で質問してみよう。 そして、 その答えを Yes/No の両方で答えよう。 ただし、 以下のような答え方をすること。

例

Can you play tennis?
　　Yes, I can. I can play tennis.
　　No, I can't. I can't play tennis.

① 　② 　③

④ 　⑤

## ヒ ン ト

CD Track 19
DL Track 022

①「スキーをする」ski　②「ピアノ」piano
③「バク宙をする」do a back flip
④「チェス」chess　⑤「料理をする」cook

## Practice 3 ▶ 英語で答えてみよう!

これはCDを聞いて答える問題だ。「あなたは〜できますか」と質問されるので、解答が流れる前に自分の答えを英語で言ってみよう。ただし、答え方は次の通りとする。

**例** CDから流れる音声

CD Track 20
DL Track 023

## Can you play tennis well?

あなたはテニスが上手にできますか?

➡ Yes なら

Yes, I can. I can play tennis well.

➡ No なら

No, I can't. I can't play tennis well.

質問は①〜⑤までの5問だ。答えがまにあわなければ、CDを止めてもよい。

①〜⑤

CD Track 21
DL Track 024

 **ヒント** どうしてもわからないときだけ見てね。

CD Track 22
DL Track 025

① ride「乗る」 unicycle「一輪車」
② recorder「リコーダー」
③ swim 25 (twenty-five) meters「25メートル泳ぐ」
④ magic trick「手品」
⑤ skate「スケートをする」

# Answers  Practice 1-3

CD Track 23
DL Track 026

① Can you play the violin?
🔊 演奏すると言う場合は楽器には the がつくよ。

② Can I copy your homework?

③ Can you do a handstand?

④ Can I borrow your pencil?

⑤ Can you do a front flip?

CD Track 24
DL Track 027

① Can you ski?
　　　　あなたはスキーができますか?

Yes, I can. I can ski.
　　　　はい。私はスキーができます。

No, I can't. I can't ski.
　　　　いいえ。私はスキーができません。

② Can you play the piano?
　　　　あなたはピアノがひけますか?

Yes, I can. I can play the piano.
　　　　はい。私はピアノがひけます。

No, I can't. I can't play the piano.
　　　　いいえ。私はピアノがひけません。
🔊 演奏すると言う場合は楽器には the がつくよ。

③ Can you do a back flip?
あなたはバク宙ができますか？

Yes, I can. I can do a back flip.
はい。私はバク宙ができます。

No, I can't. I can't do a back flip.
いいえ。私はバク宙ができません。

🔵 「前宙（前方宙返り）」は front flip と言うよ。

④ Can you play chess?
あなたはチェスができる？

Yes, I can. I can play chess.
はい。私はチェスができます。

No, I can't. I can't play chess.
いいえ。私はチェスができません。

⑤ Can you cook?
君は料理ができるかい？

Yes, I can. I can cook.
はい。私は料理ができます。

No, I can't. I can't cook.
いいえ。私は料理ができません。

CD Track 21
DL Track 024

① Can you ride a unicycle?

あなたは一輪車に乗れますか？

Yes, I can. I can ride a unicycle.

はい。ぼくは一輪車に乗れます。

No, I can't. I can't ride a unicycle.

いいえ。ぼくは一輪車に乗れません。

② Can you play the recorder well?

君はリコーダーをうまく吹けるかい？

Yes, I can. I can play the recorder well.

はい。私はリコーダーをうまく吹けます。

No, I can't. I can't play the recorder well.

いいえ。私はリコーダーをうまく吹けません。

③ Can you swim 25 meters?

君は25メートル泳げる？

Yes, I can. I can swim 25 meters.

はい。私は25メートル泳げます。

No, I can't. I can't swim 25 meters.

いいえ。私は25メートル泳げません。

④ Can you do magic tricks?

あなたは手品ができる？

Yes, I can. I can do magic tricks.

はい。ぼくは手品ができます。

No, I can't. I can't do magic tricks.

いいえ。ぼくは手品ができません。

⑤ Can you skate well?

君はスケートがうまくできる？

Yes, I can. I can skate well.

はい。私はスケートをうまくできます。

No, I can't. I can't skate well.

いいえ。私はスケートがうまくできません。

ペラペラに言えるまで
練習するわよ！

# 英語のナゾナゾ

英語のナゾナゾを解いてみよう。答えは英語か日本語で答えてね。何番のヒントまで見れば答えがわかるかな?

---

**問題1**  水曜日より先に木曜日がくる場所はどこ?

### ヒント

① 答えは地図上の場所というより、「ある物」の中の話だよ。

② 水曜日と木曜日を英語で言うと何かな?

③ W と T のアルファベットの順番が関係あるよ。

---

**問題2**  青井さんは a blue house に住んでいます。赤井さんは a red house に住んでいます。では、the White House に住んでいるのは誰でしょう?

### ヒント

① 答えは「白井」さんじゃないよ。

② the White House だけ大文字になっているのに注意。ある建物の名前なんだ。

③ アメリカにある the White House って、誰が住んでる?

| 問題3 | 次のように文字が並んでいるとき、□に入る アルファベットは何だろう？ |
|---|---|

## JFMAMJJA□OND

① 何かの頭文字が並んでいるよ。

② 12個で1つのセットになっているものは何だろう？

③ カレンダーを見てみよう。

**答え**

**問題1** a dictionary「辞書」

💡 辞書はアルファベット順になっているから、水曜日 Wednesday よりも木曜日 Thursday が先にのせられているね。

**問題2** the President「大統領」

💡 「ホワイトハウス」って聞いたことがあるかな？ アメリカ合衆国 の大統領官邸の名前だね。

**問題3** S

💡 月の名前の頭文字が並んでいると気がつけば簡単。January 「1月」から始まっていて、9番目が抜けているので、□には September の S が入る。月の名前は1巻で出てきたけど覚え ているかな？

では、次のページからナゾ解きクイズだ。心してかかってくれ。

## 百科事典のまちがい

英語の文法を勉強中のタロウくんは、ある日、英語の百科事典で ostrich「ダチョウ」の記事を読んでいた。そして、次の英文を読んだとき、たちどころにまちがいがあることに気がついた。

**Ostriches can fly, but they run very fast.**

さて、この文はどこがまちがっているのだろうか。

fly「飛ぶ」 but「しかし」 they「彼らは、それらは」

 **4-B**

## スケジュールの空き

ある日友人が「明日の日曜日、相談したいことがある。30分ぐらい時間とれないか」と言ってきた。仲のいい友人のため、なんとか助けてやりたいが、明日のスケジュールがいそがしいことに気がついた。

明日のスケジュールが以下のとき、選択肢①〜④の中から答え方として正しいものを選べ。なお書かれている予定以外は自由時間とする。

| | |
|---|---|
| 11:00 A.M. 〜 12:10 P.M. | Piano lesson |
| 12:30 P.M. 〜 1:00 P.M. | Lunch |
| 3:00 P.M. 〜 6:00 P.M. | Soccer club |

① I can't see you at 1:30 P.M.

② I don't have free time tomorrow.

③ I can see you at 4 in the afternoon.

④ Can you call me at 2 o'clock?

see「会う、見る」　afternoon「午後」　call「電話する」

## 私は誰だ？

3つの英文を読んで、それぞれ誰が話しているのか、その正体を当てよ。まずは、例を見てみよう。

### 例

I live on the road.　　私は道の上に住んでいます。
I have three eyes.　　私は3つの目を持っています。
They are green, yellow, and red.

　　　　　　　それらは緑、黄、赤です。

答えは、「信号」だ。このように、話しているのは人とは限らない。それでは、以下の問題を推理せよ。わからない単語はヒントを見てもいいぞ。

① I'm very hot and bright.
　 I live in the sky.
　 You can't see me at night.

② I'm black and white.
　 I come from China.
　 I eat bamboo.

③ I live in your room.

I have two hands.

I can tell time.

④ I can eat paper.

I'm not a goat.

I wear wool.

⑤ I'm a bird.

I can fly very fast.

I make a nest under the roof.

## ヒント

① bright「明るい」 live in「〜に住む」 sky「空」
see「見る」 me「私を」 at night「夜に」
② China「中国」 bamboo「竹」
③ hand「手」 tell「言う、つげる」
④ paper「紙」 goat「ヤギ」 wear「身につけている」
wool「ウール、羊毛」
⑤ bird「鳥」 fly「飛ぶ」 fast「速く」
nest「巣」 under「〜の下に」 roof「屋根」

## プレゼントクイズ

カオリの父はクイズ好きで、いつも彼女にクイズを出している。今回も、カオリの誕生日にプレゼントを渡す前に、ある問題を出した。

---

下記の語を使って、英文を作れ。ただし、次の条件がある。

① まちがった英文を作ったら、プレゼントはなし。
② 作った英文の意味通りのことが起こる。
③ すべての語を使う必要はないが、形を変えてはいけない。

> Kaori, can, a, can't,
> get, is, two, present

（two「2」 present「プレゼント」）

---

それでは、カオリができるだけ多くのプレゼントをもらうためには、どのような文を作ればよいか。

## 解答

**百科事典のまちがい**

問題の英文の意味は、「ダチョウは飛ぶことができるが、速く走る」である。だが、ダチョウは空を飛ぶことができない。よって、can を can't にしなければならないとタロウは気づいたのだ。

**スケジュールの空き**

④が正解。昼食が1時に終わってから3時までは時間に空きがある。②はスケジュールに書かれた予定以外は自由な時間なので不可。③はサッカークラブにいる時間なので選べない。

```
11:00 A.M. ～ 12:10 P.M.   ピアノのレッスン
12:30 P.M. ～  1:00 P.M.   昼食
 3:00 P.M. ～  6:00 P.M.   サッカークラブ
```

① ぼくは午後1時30分にあなたと会うことができません。
② ぼくは明日、自由な時間がありません。
③ ぼくは午後4時にあなたと会うことができます。
④ 2時にぼくに電話してくれますか？

# 私は誰だ？

① the sun「太陽」
② a panda「パンダ」
③ a clock「時計」
④ a sheep「ヒツジ」
⑤ a swallow「ツバメ」

それぞれの文の意味は次の通り。

① 私はとても熱くて明るい。

　私は空に住んでいる。

　あなたは夜に私を見ることができない。

② 私は白黒である。

　私は中国出身だ。

　私は竹を食べる。

③ 私はあなたの部屋に住んでいる。

　私は２つの手を持つ。

　私は時間を言うことができる。

　　👤 ちなみに、時計の針は英語で hand という。つまり、日本語では
　　「針」だが、英語では「手、うで」なのだ。

④ 私は紙を食べることができる。

　私はヤギではない。

　私はウールを身につけている。

⑤ 私は鳥だ。

私はとても速く飛ぶことができる。

私は屋根の下に巣を作る。

ナゾ解きクイズ 4-D

**プレゼントクイズ**

Kaori can get a present. 「カオリは1つのプレゼントをもらうことができる」と書けば1つプレゼントをもらうことができる。注意しないといけないのは two（数字の2）。

Kaori can get two presents. なら2つもらえるが、present に複数を表す s がついていないので two といっしょには使えない。よって、✕ Kaori can get two present. と書くと、まちがった文を作ったことになりプレゼントがもらえなくなるのだ。

うわぁ、プレゼントの問題、ひっかかっちゃった。2つもらえるかと思ったのに。ぐぐぐ。

# まとめ

■ can は「することができる」の意味で、動詞の前に置く。

    I can swim.      私は泳げます。

■ 否定文は cannot または can't。疑問文は can を文頭に出す。

    I can't swim.      私は泳げません。

    Can you swim?    あなたは泳げますか？

■ また、can には別の意味もあるので注意。

    Can I ～ ?   ～してもいい？

    Can I use your dictionary?

              君の辞書を使ってもいい？

    Can you ～ ?   ～してくれない？

    Can you open the door?

              ドアを開けてくれない？

# Chapter

# 5

## 過去形のナゾ

これまでは「現在」のことしか言えなかったけど、過去形という形を学べば、昨日のこととか、過去のことが言えるようになるんだって！

過去形のナゾを解け！❶

一般動詞「〜する」の過去形「〜した」の作り方は2種類ある。

### グループ A

CD Track 26
DL Track 029

I watched TV.　　　　　私はテレビを見た。
Tom played tennis.　　　トムはテニスをした。
I walked to the park.　　ぼくはその公園まで歩いた。

### グループ B

Takuya went to school.　　タクヤは学校に行った。
We ate dinner at the restaurant.
　　　　　　　　私たちはそのレストランで夕食を食べた。
I bought a video game.
　　　　　　　　ぼくはテレビゲームを買った。

これらから、過去形の2種類の作り方を推理せよ。

そして、次の文を英文に直せ。なお、①②はグループ A、③は
グループ B の動詞である。

① 私の父は朝食を作った。

（「料理する」cook 　「朝食」breakfast ）

② ぼくは自分の宿題を確認した。

（「確認する」check 　「宿題」homework ）

③ 私は今朝7時に起きた。

（「起きる」get up 　「7時に」at 7 ）

・・・・・・・・・・・・・・・・・・・・・・・・・・・・・・・・・・・

「最初のグループは簡単なんだけどな」

「グループ B は法則を見つけるのが難しいね。go が went
でしょ、eat が ate、buy も bought だから全然ちがうし。
バラバラで規則性がないよ」

「それはすばらしいことに気がついたね。それが答えだよ」

「へっ?」

## 答え

最後に ed をくっつける動詞（どうし）と、不規則（ふきそく）に変化する動詞（どうし）がある。

① My father cooked breakfast.
② I checked my homework.
③ I got up at 7 this morning.

「実は、過去形（かこ）の作り方は２通りあって、動詞（どうし）によって決まっているんだ」

① 動詞（どうし）に ed をつける

私は昨日サッカーをした。

**I play_ed_ soccer yesterday.**

動詞（どうし）に ed をつける

② 不規則（ふきそく）に変化する

私は昨日トムと夕食を食べた。

**I ate dinner with Tom yesterday.**

まったく別の形に変わる

「つまり、最後に ed をつけるものと、まったく別の形に変わってしまうものだね」

「ちょっと待って。全然ちがう形に変わるやつって、覚えてないと使えないんじゃない?」

「ていうか、そもそも ed がつくのか、それとも別の形に変わるのかも最初から知ってないとだめじゃん」

「その通りだよ」

「うわ、ズルい」

「ははは。そうならないようにしっかり覚えておくという教訓だよ。まあ、日本語でも

食べる　➡　食べ<u>た</u>
書く　➡　書<u>いた</u>

のように、最後だけ変わるものもあれば、

する　➡　<u>した</u>
　　　　すた×

のようにまったく異なる形になるものもあるよね。それと同じなんだ。多くの動詞は ed をつけるだけですむが、いくつか不規則に変化するものがある。さっきの eat も同じで過去形は ate だよ」

「へえ、そうなのね」

「次の過去形は覚えておこう。ちゃんとCDを聞いて発音もチェックしてくれ。何度も口に出して練習すれば、すぐに覚えられるよ」

CD Track 27
DL Track 030

## 不規則に変化する動詞

①　とる　←── 単語の意味
take　←── 原形（元の形）
took　←── 過去形

②　こわす
break
broke

③　買う
buy
bought

④　つかまえる
catch
caught

⑤　する
do
did

⑥　飲む
drink
drank

⑦　食べる
eat
ate

⑧　くる
come
came

⑨　行く
go
went

⑩
持っている
have
had

⑪
作る
make
made

⑫
会う
meet
met

⑬
置く
put
put

⑭
読む
read
read

⑮
見える
see
saw

⑯
書く
write
wrote

⑰
忘れる
forget
forgot

⑱
走る
run
ran

⑲
泳ぐ
swim
swam

⑳
手に入れる
get
got

㉑
歌う
sing
sang

「ちがう形になるだけじゃなくて、まったく変わらないのもあるよ」

「あ、ほんとよ。『置く』は put → put だし、『読む』は read → read で同じだわ」

「その通り。ただし、read はつづりは同じだけど、発音が異なる。元の形は『リード』で過去形は『レッド』に近い。CDを聞いて確認しよう」

「へえ〜」

「でも、全体的に見ると、よく使う動詞が多いわね」

「そうなんだ。よく使う動詞は、不規則に変化するものが多い。日本語の『する』みたいにね。逆に言えば、大変そうでも不規則に変化する動詞を覚えるのは、いろんなことが話せるようになるための近道ということなんだ」

「そっか。そう聞くと覚える気になるね」

「では、2人とも文を作ってみよう。まずは、ed をつけるものからやってみよう」

「それじゃ、これでどう?」

**Kenta helped his mother yesterday.**

ケンタは昨日お母さんを手伝った。

（his「彼の」）

「お、ぼくをほめるなんてめずらしい。じゃあ、ぼくも」

**Kasumi baked a delicious cake.**

カスミはおいしいケーキを焼いた。

（bake「（ケーキなど）を焼く」 delicious「おいしい」）

「あれ、うれしいことを言ってくれるじゃない」

「ホントは、

**Kasumi touched a cockroach.**

カスミはゴキブリにさわった。

（touch「さわる」　cockroach「ゴキブリ」）

って言おうと思ったけど、まあいいや。フフフ）

「……なんかあやしいわね」

「ははは、では、今度は不規則変化する動詞を使って文を作ってごらん。さっきの一覧から選べばいいよ」

「よし、じゃあいくよ」

**I did my homework before dinner.**

do ➡ did　　　ぼくは夕食の前に宿題をやった。

「へえ、たまにはやるのね。なら私はこれでどう？」

**I got an e-mail from a friend.**

get ➡ got　　　私は友だちからメールをもらった。

「2人ともよくできたね。過去形は覚えることも多いけど、主語によって形が変わらないのでその点は楽だね」

「変わらないの大好き」

「私も！」

「では、ここで問題を出すよ」

**問 題**

次の日本語を表すように、英文のカッコに書かれている語を正しい形にしよう。 なお、①②が規則動詞、③〜⑤が不規則動詞だ。

① ぼくは昨日の夜、テレビを見た。

I〔 watch 〕TV last night.

② 私は昨日、メアリーに電話した。

I〔 call 〕Mary yesterday.

③ 私は今朝、宿題をした。

I〔 do 〕my homework this morning.

④ カズヤは夕食の前にお風呂に入った。

Kazuya〔 take 〕a bath before dinner.

⑤ ぼくは日曜日に本を買った。

I〔 buy 〕a book on Sunday.

「規則動詞って何?」

「規則通りに変化する動詞のことだよ。ed がつくものだね。逆に、独自に変化するのが不規則動詞」

「なるほど」

「③～⑤は覚えていないとできないね」

「ああ。わからなければ、さっきの一覧を見てもいいよ。できたら、下の答えを見よう」

---

 答 え （DL Track 031）

① I [watched] TV last night.

② I [ called ] Mary yesterday.

③ I [ did ] my homework this morning.

④ Kazuya [ took ] a bath before dinner.

⑤ I [ bought ] a book on Sunday.

---

「うーん、まず ed がつくのか、別の形になるのかの区別ができないと難しいね」

「覚えるしかないのよね」

「そうだね。ただ、不規則に変化するほうが圧倒的に少ないから、そちらを覚えて、知らないものは ed をつけることにすればいい。あとは、新しい動詞を学ぶときにどちらの変化をするのか覚えていけばすむ」

「なるほど！」

「それでは、話す練習をしてみよう」

次の日本語を英語にして口に出してみよう。

① 私は今朝6時に起きた。

② ケンとぼくは、ぼくの家でテレビゲームをした。

③ 私は今日、自分の理科の教科書を忘れた。

④ カスミは日曜日にクッキーを作った。

⑤ ぼくはレベル40でそのドラゴンをたおした。

不規則に変化するものは①③④だよ。わからなければ、一覧を見よう。

CD Track 28
DL Track 032

### ヒ ン ト

① 「起きる」get up 「6時に」at 6

② 「ぼくの家で」at my house 「テレビゲーム」video game

③ 「忘れる」forget 「理科の教科書」science textbook

④ 「クッキー（1枚）」cookie 「日曜日に」on Sunday

⑤ 「ドラゴン」dragon 「～をたおす」defeat
　「レベル40で」at level 40

# Practice 2 英語で言ってみよう!

次の絵を使って、「私は〜した」と英語で言ってみよう。ただし、絵の下に書かれている語句を使うこと。

例

I played tennis with Tom today.

with Tom today

①

at 7

②

on Sunday

③

this morning

④

before dinner

⑤

with friends

CD Track 29
DL Track 033

 ヒント

① 「朝食」breakfast　② 「私の部屋を片づける」clean my room
③ 「私の歯をみがく」brush my teeth　④ 「お風呂に入る」take a bath
⑤ 「カンケリをする」play Kick the Can

これはCDを聞く問題だ。「あなたは〜した」と君の行動を当てる英文を聞いて、自分にとって事実なら○、ちがっていれば×を答えのらんに記入しよう。CDは何度聞いてもよい。

**例** CDから流れる音声

CD Track 30
DL Track 034

## You did your homework yesterday.

あなたは昨日宿題をしました。

答え _____○_____

君が昨日宿題をしたなら○。
していないなら×。

① _____  ② _____  ③ _____

④ _____  ⑤ _____

CD Track 31
DL Track 035

**ヒント** どうしてもわからないときだけ見てね。

① play smartphone games「スマホ（スマートフォン）のゲームをする」
② went「行った（go の過去形）」
③ math「算数」
④ read「読んだ（read の過去形。発音はレッド）」
⑤ forgot「忘れた（forget の過去形）」

# Answers Practice 1-3

## Practice 1

CD Track 32
DL Track 036

① I got up at 6 this morning.

② Ken and I played video games at my house.

③ I forgot my science textbook today.

④ Kasumi made cookies on Sunday.

⑤ I defeated the dragon at level 40.

## Practice 2

CD Track 33
DL Track 037

① I ate breakfast at 7.

　　　私は7時に朝食を食べた。

　　🔋 have には「食べる」の意味もあるので、ate の代わりに had でもいいよ。

② I cleaned my room on Sunday.

　　　ぼくは日曜日に自分の部屋を片づけた。

③ I brushed my teeth this morning.

　　　私は今朝歯をみがいた。

④ I took a bath before dinner.

　　　ぼくは夕食前にお風呂に入った。

⑤ I played Kick the Can with friends.

　　　ぼくは友人たちとカンケリをした。

## Practice 3

① You played smartphone games today.

今日あなたはスマホのゲームをした。

② You went to school yesterday.

昨日あなたは学校に行った。

③ You had a math class today.

今日あなたは算数の授業があった。

④ You read a comic book last night.

昨夜あなたはマンガ本を読んだ。

⑤ You forgot your textbook today.

今日あなたは教科書を忘れた。

不規則に変化する動詞はよく使うものが多いんだって。覚えてしまえば、いろいろ話せるようになるね。

# 博士 の トリビア

## s 以外の複数形①

名詞の複数形は s をつけて表すと1巻の Chapter 1で学んだね。だけど、例外的に s をつけず、別の形になるものもある。それをまとめておこう。

( CD Track 34
DL Track 038 )

| 単数 | | 複数 | 例 | |
|------|------|------|------|------|
| **man** | 「男性」 | ▶ men | a man<br>two men | 「1人の男性」<br>「2人の男性」 |
| **woman** | 「女性」 | ▶ women | a woman<br>two women | 「1人の女性」<br>「2人の女性」 |
| **child** | 「子供」 | ▶ children | a child<br>two children | 「1人の子供」<br>「2人の子供たち」 |
| **mouse** | 「ネズミ」 | ▶ mice | a mouse<br>two mice | 「1匹のネズミ」<br>「2匹のネズミ」 |
| **tooth** | 「歯」 | ▶ teeth | my tooth<br>my teeth | 「私の歯（1本）」<br>「私の歯（複数）」 |
| **foot** | 「足」 | ▶ feet | my foot<br>my feet | 「私の片足」<br>「私の両足」 |

どれもよく使われるので、覚えておこう。

# 過去形のつづりと発音

トリビアをもう1つ。

不規則に変化する動詞は覚えないといけないけど、ed をつけるだけの動詞も注意することがある。それが、つづりと発音なんだ。

■ つづりの例外

① e で終わる単語は d をつけるだけでよい。

**live** ➡ **lived** ✕ liveed

**use** ➡ **used** ✕ useed

上記のように、e で終わる動詞に ed をつけると、e が2つになって読みにくいんだ。

② y で終わる語は y を i に変えて ed をつける。

最後が y で終わり、y の前が aiueo の文字以外の場合、y を i に変えて ed をつける。たとえ y で終わっていても、y の直前の文字が aiueo であればそのまま ed をつける。

**study** ➡ **studied** ✕ studyed

y の前が d の文字なので、y を i に変えて ed をつける。

**play** ➡ **played** ✕ plaied

y の前が a の文字なので、そのまま ed をつける。

## ■ 発音

読み方をカタカナで書いたとき、「ク」「プ」「ス」「チ」「シュ」などで終わる単語が過去形になって ed がつくと、この ed は「ドゥ」ではなく「トゥ」と発音する。そう言ったほうが発音しやすいからね。

**played** ➡ プレイドゥ

**kicked** ➡ キックトゥ

それぞれの単語の最後の音に注意しつつ、以下の単語を発音して、CDで確認してみよう。

CD Track 35
DL Track 039

| | | | |
|---|---|---|---|
| **cooked** | 「料理した」 | **liked** | 「好きだった」 |
| **looked** | 「見た」 | **passed** | 「合格した」 |
| **watched** | 「見た」 | **washed** | 「洗った」 |
| **practiced** | 「練習した」 | **danced** | 「おどった」 |

ただ、これは頭できっちり覚えなくてもいいよ。「そんなふうに発音することがある」とだけ知っていればいい。何度も声に出していれば自然と身につくからね。

# 過去形のナゾを解け！❷
## 否定文編

過去の否定文「〜しなかった」は次のように作るという。

CD Track 36
DL Track 040

I ate lunch with Mariko.

⬇

私はマリコと昼食を食べた。

I didn't eat lunch with Mariko.

私はマリコと昼食を食べなかった。

Peter cooked breakfast this morning.

⬇

ピーターは今朝、朝食を作った。

Peter didn't cook breakfast this morning.

ピーターは今朝、朝食を作らなかった。

それでは、どのように過去の否定文を作るのか、その法則を見破れ。

そして、その法則を使って次の文を英語に直せ。

① 私は昨日、英語を勉強しなかった。

（「勉強する」study 「昨日」yesterday）

② ぼくは昨日の夜、お風呂に入らなかった。

（「昨日の夜」last night 「お風呂に入る」take a bath）

③ 私は今朝、6時半に起きなかった。

（「起きる」get up）

● ● ● ● ● ● ● ● ● ● ● ● ● ● ● ● ● ● ● ● ● ● ● ● ● ● ● ● ● ● ●

「最初の例文にある ate って eat の過去形よね」

「そうだよ」

「否定文は、簡単そうに見えて、実はひっかかりやすいポイントがあるんだ」

「え？ 簡単だと思ったけど……」

「他に何かしないといけないことがあるのかな？」

「さあ、ひっかからずに文が作れるかな？ ふふふ」

## 答え

did't の後に動詞の原形を置く。

① I didn't study English yesterday.
② I didn't take a bath last night.
③ I didn't get up at 6:30 this morning.

「過去形の否定文、つまり『〜しなかった』は、次のように言う。

まずdid't と言ってから

I didn't eat dinner yesterday.

次に動詞は原形（元の形）

× I didn't ate dinner yesterday.
↓
eat   didn't の後は動詞は原形（元の形）

didn't の後は動詞の原形（元の形）がくることに注意しよう」

「うわあ、ふつうの文に didn't をつけ加えただけにしちゃった」

「私もよ。過去の話だから過去形にしなきゃって……」

「まちがいやすいポイントだね。ただ、否定文の作り方も、主語とは関係なくみんな同じだから、その点は楽なんだ。He でも I でも、didn't ＋動詞の原形にすればいい」

「へえ、それはいいわね」

「難しいこと考えずに好きな文が作れるな」

「ちなみに didn't は did not の短縮形だ。だが、話しているときは didn't を使えばいいよ。では、2人に英文を作ってもらおう」

「ようし、これでどうだ」

**Kasumi didn't do her homework yesterday.**

カスミは昨日、自分の宿題をしなかった。

（her「彼女の」）

「ちゃんとやったわよ。失礼ね！あ、そういえば、あんた、今日の漢字テスト不合格だったわね。てことで」

**Kenta didn't pass the test.**

ケンタはそのテストに合格しなかった。

（pass「〜に合格する」）

「ぐはっ」

「ははは。では、ここで問題だ」

次の日本語を表すように、英文のカッコに正しい語を1つずつ入れよう。

① ケンタは昨日、テレビゲームをしなかった。

Kenta didn't [　　　　] video games yesterday.

② カスミは昨日、ピアノの練習をしなかった。

Kasumi [　　　　] practice the piano
yesterday.

③ ぼくは昨日の夜、シャワーを浴びなかった。

I [　　　] [　　　　] a shower last night.

④ 私は先週、買い物に行かなかった。

I [　　　] [　　　　] shopping last week.

⑤ 私は昼ごはんの前に手を洗わなかった。

I [　　　] [　　　　] my hands before lunch.

「③〜⑤は注意が必要だね」

「そうね。動詞の形も気をつけなきゃ」

「いいところに気がついたね」

「できたら、下の答えを見よう」

( DL Track 041 )

① Kenta didn't [ play ] video games yesterday.

② Kasumi [ didn't ] practice the piano yesterday.

③ I [ didn't ] [ take ] a shower last night.

④ I [ didn't ] [ go ] shopping last week.

⑤ I [ didn't ] [ wash ] my hands before lunch.

「ルールがわかれば、そんなに難しくないわね」

「うん。didn't をたして後ろの動詞を原形にするのは、みんな同じだし。でも、原形にするのを忘れないようにしなくちゃ」

「ホントよ。私もまちがえそうになったわ。気をつけないと」

「そうだね。それでは、話す練習をしてみよう」

次の日本語を英語にしてみよう。

① ぼくは今朝、朝ごはんを食べなかった。
② ケンタは昨夜、9時に寝なかった。
③ カスミは今日、リップクリームをぬらなかった。
④ 私は昨日、宿題をしなかった。
⑤ ぼくは今朝、シャワーを浴びなかった。

didn't の後の動詞は
どんな形だった？

CD Track 37
DL Track 042

① 「朝食」breakfast 「今朝」this morning
② 「寝る」go to bed 「昨夜」last night
③ 「ぬる、身につける」put on 「リップクリーム」lip balm
「今日」today
④ 「昨日」yesterday
⑤ 「シャワーを浴びる」take a shower

# Practice 2 英語で言ってみよう!

次の絵を使って、「私は〜しませんでした」と言ってみよう。ただし、絵の下にある語句も使うこと。

例

I didn't play tennis with Tom today.

ぼくは今日トムとテニスをしなかった。

with Tom

①

yesterday

②

on Sunday

③

this morning

④

with friends

⑤

after dinner

CD Track 38
DL Track 043

①「勉強する」study        ②「片づける」clean
③「私の歯をみがく」brush my teeth    ④「野球」baseball
⑤「テレビを見る」watch TV

これはCDを聞く問題だ。「あなたは～しませんでした」と、君のことを言い当てる英文を聞き、もし本当にそうなら〇、はずれなら×を答えのらんに記入しよう。CDは何度聞いてもよい。

**例**　CDから流れる音声

CD Track 39
DL Track 044

**You didn't eat breakfast today.**

あなたは今日、朝食を食べなかった。

答え ＿＿＿＿〇＿＿＿＿　その通りなら〇。はずれなら×。

① ＿＿＿＿＿＿＿　② ＿＿＿＿＿＿＿　③ ＿＿＿＿＿＿＿

④ ＿＿＿＿＿＿＿　⑤ ＿＿＿＿＿＿＿

**ヒント**　どうしてもわからないときだけ見てね。

CD Track 40
DL Track 045

① homework「宿題」
② breakfast「朝食」
③ watch「見る」
④ do your hair「(あなたの)髪の毛を整える」
⑤ math「算数」　class「授業」

# Answers > Practice 1-3

## Practice 1

CD Track 41
DL Track 046

① I didn't eat breakfast this morning.

　🔊 didn't の代わりに did not でも OK だ。（以下同じ）

② Kenta didn't go to bed at 9 last night.

③ Kasumi didn't put on lip balm today.

④ I didn't do my homework yesterday.

⑤ I didn't take a shower this morning.

## Practice 2

CD Track 42
DL Track 047

① I didn't study English yesterday.

　　　私は昨日、英語を勉強しなかった。

② I didn't clean my room on Sunday.

　　　私は日曜日に自分の部屋を片づけなかった。

③ I didn't brush my teeth this morning.

　　　ぼくは今朝、歯をみがかなかった。

④ I didn't play baseball with friends.

　　　私は友人たちと野球をしなかった。

⑤ I didn't watch TV after dinner.

　　　ぼくは夕食の後、テレビを見なかった。

① You didn't do your homework yesterday.

あなたは昨日、宿題をしませんでした。

② You didn't eat breakfast today.

あなたは今日、朝食を食べませんでした。

③ You didn't watch TV last night.

あなたは昨日の夜、テレビを見ませんでした。

④ You didn't do your hair this morning.

あなたは今朝、髪の毛を整えませんでした。

⑤ You didn't have a math class yesterday.

あなたは昨日、算数の授業がありませんでした。

なめらかに言えるように
なったかな？

# 博士 の トリビア

## s 以外の複数形②

複数になると形が変わる名詞を前回のトリビアで紹介したけど、実は、もう1つ特殊な複数形がある。それが、「単数と複数で形が変わらない名詞」。以下のようなものがあるよ。

CD Track 43
DL Track 048

| | | | |
|---|---|---|---|
| sheep | 「ヒツジ」 ▶ | a sheep | 「1匹のヒツジ」 |
| | | two sheep | 「2匹のヒツジ」 |
| fish | 「魚」 ▶ | a fish | 「1匹の魚」 |
| | | two fish | 「2匹の魚」 |
| deer | 「シカ」 ▶ | a deer | 「1頭のシカ」 |
| | | two deer | 「2頭のシカ」 |

英語は、数にこだわる言語なのにめずらしいなあ。

というわけで、複数形の作り方は3つあるということだね。

① s をつける　　two books　　「2冊の本」
② 別の形になる　two children 「2人の子供」
③ 変化なし　　　two fish　　　「2匹の魚」

ただ、②と③は数がとても少ないので、トリビアで紹介したものを覚えておいて、ふつうは s をつければいいよ。

## 和製英語<ruby><rt>わ せい</rt></ruby> その1

もう1つトリビアを紹介しよう。
日本語は多くの語を英語からそのまま取り入れている。

テーブル　**←**　table　　スプーン　**←**　spoon
シューズ　**←**　shoes　　バッグ　　**←**　bag

こういった語は、そのまま英語でも使えるから便利なんだ（発音は覚えないといけないけどね）。しかし、これ以外に、英語を元に日本で独自に作られた言葉（和製英語<ruby><rt>わ せい</rt></ruby>）も結構<ruby><rt>けっこう</rt></ruby>あって、残念ながらアメリカ人やイギリス人など英語を母国語<ruby><rt>ぼ こく ご</rt></ruby>とする人には通じないものがあるんだ。ここでは、その和製英語<ruby><rt>わ せい</rt></ruby>を見てみよう。

CD Track 44
DL Track 049

シャープペンシル　**➡**　**mechanical pencil**
　　　🔊 sharp pencil は「とがったえんぴつ」の
　　　意味。

（有名人の）サイン　**➡**　**autograph**
　　　🔊 sign は「看板<ruby><rt>かんばん</rt></ruby>、標識、署名する<ruby><rt>しょめい</rt></ruby>」の意味。

電子レンジ　　　　　**➡**　**microwave (oven)**
ガソリンスタンド　**➡**　**gas station**
ジェットコースター　**➡**　**roller coaster**

| マンション | ➡ | apartment |
|---|---|---|

condominium（買うもの）
❓ mansion は「大邸宅、豪邸」の意味。

| カンニング | ➡ | cheating |
|---|---|---|

❓ cunning は「ずるい」の意味。

| オートバイ | ➡ | motorcycle |
|---|---|---|
| バイク | ➡ | motorcycle |

❓ bike は「自転車」の意味で使われることが
多い。

| コンセント | ➡ | wall socket |
|---|---|---|

❓ consent は「同意」の意味。

| チャック | ➡ | zipper または fastener |
|---|---|---|
| ペットボトル | ➡ | plastic bottle |
| ビニール袋 | ➡ | plastic bag |
| ホッチキス | ➡ | stapler |

❓ Hotchkiss「ホッチキス」は創業者の名前から。

どうかな？　なんとなく英語っぽいからといって、そのまま使うと
通じなかったり、まちがった意味で受け取られたりするものがあ
るということだね。

# 過去形のナゾを解け！❸
## 疑問文編

次の英文を見て過去の疑問文の作り方を見抜け。

CD Track 45
DL Track 050

**Did you swim on Sunday?**
あなたは日曜日に泳ぎましたか？

**Did you watch TV yesterday?**
あなたは昨日テレビを見ましたか？

そのうえで、次の日本語を英文に直せ。

① あなたは昨日、ピアノを練習しましたか？
（「練習する」practice）

② あなたは今朝、シャワーを浴びましたか？
（「シャワーを浴びる」take a shower）

・・・・・・・・・・・・・・・・・・・・・・・・・・・・・・・・・・・・・・・・・・

「もしかして、これも否定文と同じワナがあるんじゃ……」

「ほんとだわ。もうひっかからないわよ」

「あわてずにね」

## 答え

Did を最初に置いて、動詞は原形（元の形）のまま使う。

① Did you practice the piano yesterday?
② Did you take a shower this morning?

 「過去形の疑問文の作り方は次の通り」

過去形

You watched TV yesterday.

Did you watch TV yesterday?

最初に Did　　動詞は原形

× Did you watched TV yesterday?
↓
watch　　動詞は原形

 「Did から文を始めるのはいいんだけど、動詞を原形のまま使うっていうのは忘れそう」

「過去の話だからって、過去形にしちゃだめだってことか」

「そうだね。Did を使えば過去の話とわかるよね。そして、答え方は

**Did you watch TV yesterday?**

あなたは昨日、テレビを見ましたか？

**Yes, I did.** はい、見ました。

**No, I didn't.** いいえ、見ませんでした。

のようになる。did で聞かれたからdidで答えると覚えておこう。そして、ここでも I の部分は主語に合わせるんだよ」

「じゃあ、ケンタが主語なら

**Did Kenta do his homework yesterday?**

ケンタは昨日、宿題をしましたか？

**Yes, he did.** はい、しました。

**No, he didn't.** いいえ、しませんでした。

ってことね」

「その通り」

「なんかちょっとなれてきたかも」

「私も！」

「よろしい。では、ここで問題を出すよ」

次の日本語を表すように、英文のカッコに正しい語を
1つずつ入れよう。

① 「昼食の後、歯をみがきましたか?」
　「はい、みがきました」

　[　　　　] you [　　　　] your teeth after lunch?
　Yes, I [　　　　].

② 「ヒトシは今日、宿題をしましたか?」
　「いいえ、しませんでした」

　[　　　　] Hitoshi [　　　　] his homework
　today?
　No, he [　　　　].

③ 「あなたは昨日、自分の部屋を片づけましたか?」
　「いいえ、片づけませんでした」

　[　　　　] you [　　　　] your room yesterday?
　No, I [　　　　].

④ 「君は昨夜、インターネットで動画を見た?」
　「うん、見たよ」

　[　　　　] you [　　　　] videos on the Internet
　last night?
　Yes, [　　　　] [　　　　].

　　　　　（video「動画」 on the Internet「インターネットで」）

「否定文と同じで、動詞の形に気をつけなきゃ」

「うん。過去の話でも過去形にしちゃだめだよね」

「できたら、下の答えを見よう」

---

 （ DL Track 051 ）

① [ Did ] you [ brush ] your teeth after lunch?

Yes, I [ did ].

② [ Did ] Hitoshi [ do ] his homework today?

No, he [ didn't ].

③ [ Did ] you [ clean ] your room yesterday?

No, I [ didn't ].

④ [ Did ] you [ watch ] videos on the Internet last night?

Yes, [ I ] [ did ].

---

「作り方がみんな同じだから簡単だったな」

「そうね。あとはこれを使って話せるようにならなきゃ」

「そうだね。それでは、さっそく話す練習をしてみよう」

# Practice 1 英語で言ってみよう!

次の日本語を英語にしてみよう。

① あなたは今朝、朝食を食べたの?
② 君は昨日、タカシの誕生日パーティーに行きましたか?
③ タケシは日曜日につりに行きましたか?
④ ヨウコは昨日新しいスカートを買いましたか?
⑤ あなたは今朝、学校かばんを確認した?

did を最初につけるだけじゃなかったよね。覚えてるかな?

CD Track 46
DL Track 052

① 「朝食」breakfast
② 「〜に行く」go to 〜
　　「タカシの誕生日パーティー」Takashi's birthday party 「昨日」yesterday
③ 「つりに行く」go fishing 「日曜日に」on Sunday
④ 「買う」buy「新しい」new 「スカート」skirt
⑤ 「確認する」check 「学校かばん」school bag

# Practice 2 英語で言ってみよう!

次の絵を使って、「あなたは〜しましたか」という疑問文と、それに対する返答を Yes/No の2通りで答えよう。ただし、絵の下にある語句も使うこと。

例

Did you eat breakfast today?
Yes, I did. I ate breakfast today.
No, I didn't. I didn't eat breakfast today.

today

①

last night

②

yesterday

③

last night

④

on Sunday

⑤

before dinner

CD Track 47
DL Track 053

①「テレビを見る」watch TV　②「勉強する」study
③「お風呂に入る」take a bath　④「片づける」clean
⑤「(あなたの)手を洗う」wash your hands

# Practice 3 英語で答えてみよう!

これはCDを聞いて答える問題だ。「あなたは〜しましたか」と質問されるので、解答が流れる前に自分の答えを英語で言ってみよう。ただし、答え方は次の通りとする。

**例** | CDから流れる音声 | CD Track 48 / DL Track 054

## Did you eat breakfast today?

あなたは今日、朝食を食べましたか?

➡ Yes なら

Yes, I did. I ate breakfast today.

はい。私は今日、朝食を食べました。

➡ No なら

No, I didn't. I didn't eat breakfast today.

いいえ。私は今日、朝食を食べませんでした。

質問は①〜⑤までの5問だ。答えがまにあわなかったら、CDを止めてもよい。

①〜⑤ | CD Track 49 / DL Track 055

 どうしてもわからないときだけ見てね。 | CD Track 50 / DL Track 056

① go shopping「買い物に行く」
② school library「学校の図書室」
③ video game「テレビゲーム」　④ study「勉強する」
⑤ brush my teeth「(私の)歯をみがく」

CD Track 51
DL Track 057

① Did you eat breakfast this morning?

② Did you go to Takashi's birthday party yesterday?

③ Did Takeshi go fishing on Sunday?

④ Did Yoko buy a new skirt yesterday?

⑤ Did you check your school bag this morning?

CD Track 52
DL Track 058

① Did you watch TV last night?
　　　　あなたは昨夜、テレビを見ましたか？

Yes, I did. I watched TV last night.
　　　　はい。私は昨夜、テレビを見ました。

No, I didn't. I didn't watch TV last night.
　　　　いいえ。私は昨夜、テレビを見ませんでした。

② Did you study English yesterday?
　　　　あなたは昨日、英語を勉強しましたか？

Yes, I did. I studied English yesterday.
　　　　はい。私は昨日、英語を勉強しました。

No, I didn't. I didn't study English yesterday.
　　　　いいえ。私は昨日、英語を勉強しませんでした。

③ Did you take a bath last night?
　　　君は昨夜、お風呂に入ったかい?

Yes, I did. I took a bath last night.
　　　はい。私は昨夜、お風呂に入りました。

No, I didn't. I didn't take a bath last night.
　　　いいえ。私は昨夜、お風呂に入りませんでした。

④ Did you clean your room on Sunday?
　　　あなたは日曜日に自分の部屋を片づけましたか?

Yes, I did. I cleaned my room on Sunday.
　　　はい。私は日曜日に自分の部屋を片づけました。

No, I didn't. I didn't clean my room on Sunday.
　　　いいえ。私は日曜日に自分の部屋を片づけませんでした。

⑤ Did you wash your hands before dinner?
　　　あなたは夕食の前に手を洗いましたか?

Yes, I did. I washed my hands before dinner.
　　　はい。私は夕食の前に手を洗いました。

No, I didn't. I didn't wash my hands before dinner.
　　　いいえ。私は夕食の前に手を洗いませんでした。

① Did you go shopping on Sunday?
あなたは日曜日に買い物に行きましたか？

Yes, I did. I went shopping on Sunday.
はい。私は日曜日に買い物に行きました。

No, I didn't. I didn't go shopping on Sunday.
いいえ。私は日曜日に買い物に行きませんでした。

② Did you go to the school library yesterday?
あなたは昨日、学校の図書室に行きましたか？

Yes, I did. I went to the school library yesterday.
はい。私は昨日、学校の図書室に行きました。

No, I didn't. I didn't go to the school library yesterday.
いいえ。私は昨日、学校の図書室に行きませんでした。

🔵 library は公共図書館も指すから、学校の図書室・図書館だと明確にしたい場合は school をつけるよ。話の流れからどちらかわかる場合は、library だけで OK。

③ Did you play video games last night?
あなたは昨夜、テレビゲームをしたかい？

Yes, I did. I played video games last night.
はい。私は昨夜、テレビゲームをしました。

No, I didn't. I didn't play video games last night.
いいえ。私は昨夜、テレビゲームをしませんでした。

④ Did you study English yesterday?

あなたは昨日、英語を勉強しましたか？

Yes, I did. I studied English yesterday.

はい。私は昨日、英語を勉強しました。

No, I didn't. I didn't study English yesterday.

いいえ。私は昨日、英語を勉強しませんでした。

⑤ Did you brush your teeth after dinner?

あなたは夕食後、歯をみがきましたか？

Yes, I did. I brushed my teeth after dinner.

はい。私は夕食後、歯をみがきました。

No, I didn't. I didn't brush my teeth after dinner.

いいえ。私は夕食後、歯をみがきませんでした。

答えを見なくても言えるように、
何度も口に出して練習してね。
ペラペラになるコツよ。

# 和製英語 その2

和製英語には別の種類もある。それが、へんに省略してできた語だ。つまり、正しい英語なのに後ろをはしょったりして、結果、通じないというものだよ。次のようなものがある。

CD Track 53
DL Track 059

コンビニ　　➡　convenience store

テレビ　　　➡　TV または television

アパート　　➡　apartment
　　　　　　　　❶ apart は「離れて」という意味

エアコン　　➡　air-conditioner

スーパー　　➡　supermarket
　　　　　　　　❶ super は「超、特大の」の意味

デパート　　➡　department store
　　　　　　　　❶ depart は「出発する」の意味

センチ（長さ）➡　centimeter

ミス　　　　➡　mistake
　　　　　　　　❶ miss は「乗りおくれる、のがす」の意味

| ミシン | ➡ | sewing machine |

❷「ミシン」は sewing machine の machine「機械<ruby>械<rt>かい</rt></ruby>」がなまったものと言われているよ。

| パソコン | ➡ | personal computer または PC |

❷ PC はこの語の頭文字から来ている。

| フリマ<br>（フリーマーケット） | ➡ | flea market |

❷ flea は「（虫の）ノミ」、market は「市場」。つまり「ノミの市」。これは日本語にもある言い方だね。あと、「フリーマーケット」の「フリー」は「自由な」を表す free ではないことに注意だよ。

| アプリ | ➡ | application または app |
| スマホ | ➡ | smartphone |
| リモコン | ➡ | remote controller または remote |
| ボールペン | ➡ | ballpoint pen |

特に、「アパート」や「デパート」のように、省略<ruby>略<rt>しょうりゃく</rt></ruby>したものが別の語になってしまうものには注意が必要だね。

# was/were のナゾを解け！

be動詞「〜です、〜である」「いる、ある」には am/are/is という3つの形があったが、その過去形「〜でした、〜だった」「いた、あった」にも was と were という2つの形があるという。それでは、この2つをどのように使い分けるか、次の例文を見てその法則を推理せよ。

## was を使う場合

CD Track 54
DL Track 060

I was tired yesterday.　　　私は昨日疲れていた。

The movie was exciting.
　　　　　　　　　　　その映画はワクワクさせるものだった。

My teacher was friendly.　　私の先生は親しみやすかった。

I was in my room.　　　　私は自分の部屋にいた。

## were を使う場合

You were tired yesterday.　あなたは昨日疲れていた。

Ken and Mary were happy.
　　　　　　　　　　　ケンとメアリーは幸せだった。

My shoes were in my locker.
　　　　　　　　　ぼくのくつは自分のロッカーの中にあった。

そして、次の日本文を英語に直せ。

① 私は今朝お腹がへっていた。　　（「空腹な」hungry）

② 今朝はとても晴れていた。

（「とても」very　「晴れた」sunny）

③ ケンタとカスミは昨日、図書館にいた。

（「図書館に」at the library　「昨日」yesterday）

・・・・・・・・・・・・・・・・・・・・・・・・・・・・・・・・・・

「am/are/is は主語によって使い分けるんだったわよね。ということは、過去形の was と were もそうかしら」

「きっとそうだよ。でも、am/are/is では 3 つにわかれてたのに、今度は 2 つにわかれるんだね。それならもう少し簡単なはず！」

「あまり難しく考えずに、am/are/is がそれぞれ過去になったら was/were のどちらになるのかを考えてみるといいよ」

「うーん、②が難しいね」

「天気の話は主語に何を使うんだったかな？」

「it よ」

「その通り。It is sunny. で『晴れている』の意味。これは 1 巻でやったね。あとはこれを使って過去形にしてみよう」

# 答え

am と is の過去形が was。 are の過去形が were。

① I was hungry this morning.
② It was very sunny this morning.
③ Kenta and Kasumi were at the library yesterday.

「簡単に言うと、次のようになる」

**am** ➡ was

**is** ➡ was

**are** ➡ were

要するに、am と is を使っていた主語は、過去形になると was
を使い、are を使っていた主語は were を使うということだね」

「これだけ？」

「そうだよ。 それほど難しくはないよね。 まとめてみよう」

■ **am** ➡ **was**

I am happy. ⇒ I was happy.
私は幸せだ。　　　　　私は幸せだった。

114

## ■ is ➡ was

Tom is happy. ➡ Tom was happy.
トムは幸せだ。　　　　　　トムは幸せだった。

My cat is happy. ➡ My cat was happy.
私のネコは幸せだ。　　　　私のネコは幸せだった。

## ■ are ➡ were

You are happy. ➡ You were happy.
あなたは幸せだ。　　　　　あなたは幸せだった。

「じゃあ、『ぼくは眠かった』『私たちは眠かった』はそれぞれ

**I was sleepy.**

**We were sleepy.**

だね」

「そうなるね。そして、否定文と疑問文の作り方も am/are/is と同じ。つまり、否定文には not をつけて、疑問文は was/were を前に出す。次の通りだよ」

## 否定文 （ひ てい）    not をたす。短縮形（たんしゅく）は wasn't と weren't。

---

Tom was hungry.

トムはお腹（なか）がへっていた。

Tom was not hungry.
（wasn't） ★ was not の短縮形（たんしゅく）

トムはお腹（なか）がへっていなかった。

You were hungry.

あなたはお腹（なか）がへっていた。

You were not hungry.
（weren't） ★ were not の短縮形（たんしゅく）

あなたはお腹（なか）がへっていなかった。

---

「was が wasn't になって、were が weren't になるのね」

「not をたして、短くした形を使うって、am/are/is のときと同じだよね」

「そうね」

「両方とも be 動詞（どうし）であることには変わりないからね」

## 疑問文<sub>ぎもん</sub>　was/were を文頭に出す。

Tom was hungry.

トムはお腹<sub>なか</sub>がへっていた。

Was Tom ▢ hungry?

トムはお腹<sub>なか</sub>がへっていましたか？

You were hungry.

あなたはお腹<sub>なか</sub>がへっていました。

Were you ▢ hungry?

あなたはお腹<sub>なか</sub>がへっていましたか？

「疑問文<sub>ぎもん</sub>の作り方も、am/are/is のときと同じだね」

「そうね。でも、was と were のどちらを使うかに気をつけないと、まちがえそう」

「主語に合わせて選<sub>えら</sub>ばないといけないからね。まあ、簡単<sub>かんたん</sub>に言うと、you と複数<sub>ふくすう</sub>を表す主語は were、you 以外の単数を表す主語は was だ」

「やっぱり、どこまでいっても数が大切なんだなあ」

「わかったかな？　では、ここで問題だよ」

次の日本語を表すように、英文のカッコに正しい語を
ひとつずつ入れよう。

① ぼくは放課後、お腹がへっていた。

I [　　　　] hungry after school.

② ヒロトとリクはいい友だちだった。

Hiroto and Riku [　　　　] good friends.

③ ヒナは昨日、家にいましたか？　はい、いました。

[　　　　] Hina at home yesterday?

Yes, [　　　] [　　　　].

④ 今朝はとても寒かった。

It [　　　　] very cold this morning.

⑤ そのテストは簡単ではなかった。

The test [　　　　] easy.

「とにかく、主語に気をつけてと……」

「なんとかなりそうね」

「ゆっくり解けばいいよ」

「できたら、下の答えを見よう」

---

　　　　　　　　　　　　　( DL Track 061 )

① I [　was　] hungry after school.

② Hiroto and Riku [　were　] good friends.

③ [　Was　] Hina at home yesterday?

　　Yes, [　she　] [　was　].

④ It [　was　] very cold this morning.

⑤ The test [　wasn't　] easy.

---

 「主語に合わせるのが気を使うところだねえ」

 「ホントよ。 でも、『今』の話は am/are/is の３つだったけど、過去形になると was/were しかないから、楽なのかも」

 「うん。 とにかく、主語に合わせて動詞の形を変えるという考えになれることが大切だ。 それでは、話す練習をしてみよう」

## Practice 1 英語で言ってみよう!

次の日本語を英語にして口に出してみよう。

① ぼくは今朝、ちこくした。
② その映画はよくなかった。
③ カズヤの誕生日パーティーは楽しかった。
④ ぼくの妹たちは先週の日曜日、家にいなかった。
⑤ そのテストは難しかったですか?

was/were の使い分けに
気をつけてね。

CD Track 55
DL Track 062

①「ちこくの、おくれた」late 「今朝」this morning
②「映画」movie 「よい」good
③「誕生日パーティー」birthday party 「楽しい」fun
④「姉・妹」sister 「家に、家で」at home
　「先週の日曜日」last Sunday
⑤「テスト」test 「難しい」difficult

# Practice 2 英語で言ってみよう!

was/were を用い、×の絵は否定文で、×のないものはふつうの文で言ってみよう。ただし、主語は指定されたものを使うこと。

例

Yuri

⬇

Yuri was hungry.

例

Yuri

⬇

Yuri wasn't hungry.

①

I

②

the T-shirt

③

the test

④

it

⑤

my shoes

ヒント

CD Track 56
DL Track 063

① 「疲れている」tired　② 「高価な」expensive
③ 「簡単な」easy　④ 「くもった」cloudy　⑤ 「よごれた」dirty

## Practice **3** 英語を聞いてみよう!

これはCDを聞く問題だ。キミのことを言い当てる英文を聞いて、自分にとって事実なら○、ちがっていれば×を答えのらんに記入しよう。CDは何度聞き返してもよい。

例　**CDから流れる音声**　　　　　　　　　CD Track 57
　　　　　　　　　　　　　　　　　　DL Track 064

### You were sleepy this morning.
今朝あなたは眠かった。

答え ＿＿＿＿＿○＿＿＿＿　　事実なら○。そうでないなら×。

① ＿＿＿＿＿＿　　② ＿＿＿＿＿＿　　③ ＿＿＿＿＿＿

④ ＿＿＿＿＿＿　　⑤ ＿＿＿＿＿＿

CD Track 58
DL Track 065

 どうしてもわからないときだけ見てね。

① angry「怒って」
② at school「学校に(で)」　yesterday afternoon「昨日の午後」
③ birthday「誕生日」
④ ～ years old「～才」
⑤ member「メンバー、一員」　student council「児童会、生徒会」

# Answers　Practice 1-3

## Practice 1

CD Track 59
DL Track 066

① I was late this morning.

　❶ late は動詞じゃなく happy と同じ△の仲間だから be 動詞といっしょに使うよ。

② The movie wasn't good.　　❶ was not でも OK。以下同じ。

③ Kazuya's birthday party was fun.

④ My sisters weren't at home last Sunday.

　❶ were not でも OK。以下同じ。また、「妹たち」だから sisters（複数）だね。だから be 動詞も合わせて were になるよ。

⑤ Was the test difficult?

## Practice 2

CD Track 60
DL Track 067

① I wasn't tired.　　　　　　私は疲れていなかった。

② The T-shirt was expensive.　そのTシャツは高かった。

③ The test wasn't easy.　　　そのテストは簡単ではなかった。

④ It was cloudy.　　　　　　天気はくもっていた。

⑤ My shoes were dirty.　　　私のくつはよごれていた。

　❶ くつの両方を指す場合は複数形だから shoes。使う be 動詞もそれに合わせて were になるね。

① You were angry this morning.

今朝、あなたは怒っていた。

② You were at school yesterday afternoon.

あなたは昨日の午後、学校にいた。

③ It was your birthday yesterday.

昨日はあなたの誕生日だった。

④ You were 10 years old last year.

あなたは昨年、10才だった。

⑤ You were a member of the student council last year.

あなたは昨年、児童会の一員だった。

主語に合わせて動詞の形を変える。
これになれることが大切だよ。

# 博士（はかせ）の トリビア

## be 動詞（どうし）がいる？ いらない？

文を作るとき、be 動詞（どうし）が必要なのかどうか迷（まよ）ったときは、語の種類を考えよう。1巻の Chapter 1で、単語をいくつかの図形（ずけい）に分けたのを覚えているかな。

| eat, study, be 動詞（どうし） | 「〜する」を表す。〔動詞（どうし）〕 |
| happy, big, hungry | 「どんな」を表す。〔形容詞（けいようし）〕 |

このうち、　を使って文を作るときは be 動詞（どうし）はいらない。　を使って文を作るときは be 動詞（どうし）が必要なんだ。

I study English.　study は　なので be 動詞（どうし）はいらない。
I am happy.　happy は　なので be 動詞（どうし）といっしょに使う。

問題は、　の意味が　動詞（どうし）っぽいものがあるということ。

たとえば、tired「疲（つか）れて」、late「おくれた」は、動詞（どうし）っぽいよね。だけど、あくまでも　形容詞（けいようし）なので、happy と同じように be 動詞（どうし）が必要なんだよ。

I am tired.　私は疲（つか）れている。
I was late.　ぼくはちこくした。

つまり、日本語の意味で　か　かを決めてはだめなんだ。単語を覚えるときはいっしょに何角形か種類も覚えよう。

## 日本の祝日

日本の祝日を英語で言うと次のようになる。それぞれ何の日か推理してみよう。難しい単語には意味を書いておいたよ。

CD Track 61
DL Track 068

① New Year's Day
新年

② Coming of Age Day
成人する

③ National Foundation Day
国の　　創立・建立

④ The Emperor's Birthday
天皇

⑤ Vernal Equinox Day
春の　　分点

⑥ Showa Day
昭和

⑦ Constitution Memorial Day
憲法　　　記念

⑧ Greenery Day
緑・自然

⑨ Children's Day
こどもたち

⑩ Marine Day
海・海洋の

⑪ Mountain Day
山

⑫ Respect for the Aged Day
尊敬・敬意　　老人

⑬ Autumnal Equinox Day
秋の　　分点

⑭ National Sports Day
国の　　スポーツ

⑮ Culture Day
文化

⑯ Labor Thanksgiving Day
労働　感謝を捧げる

答えはこれだよ。

① 元日　　　　　　　　1月1日
② 成人の日　　　　　　1月の第2月曜日
③ 建国記念の日　　　　2月11日
④ 天皇誕生日　　　　　2月23日
⑤ 春分の日　　　　　　3月19日〜22日のいずれか
⑥ 昭和の日　　　　　　4月29日
⑦ 憲法記念日　　　　　5月3日
⑧ みどりの日　　　　　5月4日
⑨ こどもの日　　　　　5月5日
⑩ 海の日　　　　　　　7月の第3月曜日
⑪ 山の日　　　　　　　8月11日（2020年のみ8月10日）
⑫ 敬老の日　　　　　　9月の第3月曜日
⑬ 秋分の日　　　　　　9月22〜24日のいずれか
⑭ スポーツの日　　　　10月の第2月曜日（2020年のみ7月24日）
⑮ 文化の日　　　　　　11月3日
⑯ 勤労感謝の日　　　　11月23日

ちなみに、日本の祝日は16個あるんだけど、これは世界では
多いほうなんだよ。


では、次ページから、なぞ解きクイズだ。どれくらい正解できる
かな？

## ハルナは何を

カズキ、ユウタ、ケイコがハルナの部屋に遊びにきた。次の日、昨日ハルナの部屋で何をしたのかを問われたとき、カズキとユウタ、ケイコが次のように述べた。それでは、ハルナは何をしていたのだろう。

"What did you do in Haruna's room?"

カズキ　"I read comic books."

ユウタ　"I played shogi with a friend."

ケイコ　"I did my homework."

ハルナ　"I　　　？　　　"

## 社員のウソ

これは博士が解いた殺人事件の問題だ。月曜日の朝早く、ある会社の社長がオフィスで殺されているのが発見された。警察が現場で捜査をしていると、3人の社員が出勤してきた。そこで、刑事たちは、彼らに事件のことは知らせずに、社長をどう思うかだけ質問した。彼らの答えは次の通りだった。

A: "I don't like him. He is not friendly."

B: "I liked him very much. He was a good man."

C: "Sorry. I don't know him very well."

これを聞いた博士。3人のうちの1人があやしいと気がついた。それは誰で、なぜそう思ったのだろうか。

friendly「親しげで」　very much「とても」
know「知っている」　very well「(否定文で) あまりよく (〜ない)」

## 容疑者の失言

社長室から現金が盗（ぬす）まれた。 そして、社長室に入ることが許されていない社員の指紋（し もん）（fingerprint）が社長の机（つくえ）から見つかった。 そこである刑事（けい じ）がこの社員の男に話を聞いた。

刑事（けい じ）

"We found your fingerprints."

社員

"No! It's not true! I didn't touch the desk!"

だが、警察（けいさつ）から相談を受けた博士（はかせ）はこの社員が犯人（はんにん）だと確信した。 なぜか。

found「見つけた（find の過去形（か こ）」
true「本当の、真実の」
touch「さわる」

## ハナコの法則

今日もハナコは学んだ英語を好きときらいに分けている。今回は、単語ではなく英文である。


**好き**

| | |
|---|---|
| I can play tennis. | ぼくはテニスができる。 |
| Tom is a student. | トムは生徒です。 |
| I was tired. | 私は疲れていた。 |

**きらい**

| | |
|---|---|
| I play tennis. | ぼくはテニスをする。 |
| We speak English. | 私たちは英語を話す。 |
| I watched TV | 私はテレビを見た。 |


それでは、どういう法則で好きときらいを分けているかを考えよ。


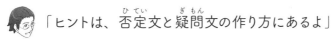

「ヒントは、否定文と疑問文の作り方にあるよ」

## ナゾ解きクイズ 5-A

### ハルナは何を

ユウタが I played Shogi with a friend.「友だちと将棋を指した」と言っているので、ハルナはその相手をしたのだ。おそらく、I played Shogi with Yuta. と言ったのだろう。

「ハルナの部屋で何をしたの?」
カズキ「ぼくはマンガ本を読んだ」
ユウタ「オレは友だちと将棋を指した」
ケイコ「私は宿題をしたわよ」

## ナゾ解きクイズ 5-B

### 社員のウソ

怪しいのは B。刑事と話したときは、3人とも社長が生きていると思っているはずなのに、B だけは過去形で話している。「私は彼のことがとても好きでした。彼はいい人でした」は不自然だろう。C は「彼のことをよく知らない」と言っているが、ふだんから話をしない関係なら不自然ではない。

A:「私は彼を好きではない。フレンドリーじゃないんだ」
B:「私は彼がとても好きでした。いい人だったし」
C:「すまない。オレは彼のことはあんまりよく知らないんだ」

## ナゾ解きクイズ 5-C

### 容疑者の失言

詳しいことを聞いていないのだから、事件に無関係なら、「机は

さわらなかった」というのは不自然である。少なくとも社長室に入り、現金が机にあったことを知っていると思われる。

刑事「私たちは君の指紋を発見したよ」
社員「いや、それはウソだ。私はその机にはさわらなかったんだ」

ナゾ解きクイズ 5-D

## ハナコの法則

否定文と疑問文の作り方で好きときらいに分けている。好きなのは、not をつけるだけで否定文になる、あるいはふつうの文にあった単語を前に出して疑問文を作るタイプ。きらいなのは、not だけでなく、do や did などもともとなかった単語もつけ加えないといけないタイプだ。

Tom is a student.   ⬅   最初から is が使われている。
Tom is not a student.   ⬅   それに not をたすだけ。
Is Tom a student?   ⬅   is を前に出す。

I play tennis.   ⬅   do は使われていない。
I don't play tennis.   ⬅   do と not をたす。
Do you play tennis?   ⬅   Do を最初に置く。

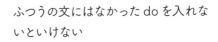

ふつうの文にはなかった do を入れないといけない

どうだった？私は2つもまちがえちゃった。

# まとめ

■ 一般動詞（be動詞以外の動詞）の過去形は2種類ある。1つはまったく異なる形になるもの。これは覚える必要がある。それ以外は最後にedをつける。

I watched TV last night.　　私は昨夜、テレビを見た。

watch ➡ watched

I went to school yesterday.

go ➡ went　　　　　　　　ぼくは昨日、学校に行った。

■ 否定文はdon'tの代わりにdidn't。疑問文はDoの代わりにDidを文頭に置き、動詞は原形に戻す。

I didn't watch TV last night.

私は昨夜、テレビを見なかった。

動詞は原形

Did you watch TV last night?

あなたは昨夜、テレビを見ましたか？

動詞は原形

■ be 動詞「〜である」「いる、ある」の過去形は was/were。
現在形で am と is だったものが was、are だったものが were
になる。

現在　　　過去

am　➡　was

is　➡　was

are　➡　were

I was hungry.　　　　　　私は空腹だった。

He was hungry.　　　　　彼は空腹だった。

We were hungry.　　　　　私たちは空腹だった。

I was in my room.　　　　ぼくは自分の部屋にいた。

■ 否定文と疑問文の作り方は現在形と同じ。否定文は not を
つける。疑問文は was/were を前に出す。

I wasn't hungry.　　　　　私は空腹ではなかった。

We weren't hungry.　　　　私たちは空腹ではなかった。

Was Tom hungry?　　　　トムは空腹でしたか?

Were you hungry?　　　　あなたは空腹でしたか?

「Chapter5が終わったけど、ここまでどうかな?」

「うん、だんだんいろんなことが言えるようになって、楽しいよ」

「私も。最初に比べると、ずいぶんうまくなったわ」

「それはよかった。だけど、ここからさらに難しいナゾが続くよ。心してかかってね」

「まかせてよ!」

「ぼくだって!」

ここまで、キミは
どうだった?

次のナゾもがんばって
解くわよ!

# Chapter
# 6
# 上級のナゾ

ここからは上級編。ものすごく難しいナゾが続くよ。解ければ、エキスパートだ。

want には「ほしい」の意味がある。

CD Track 63
DL Track 070

I want a video game. 私はテレビゲームがほしい。
I want a bicycle. ぼくは自転車がほしい。

実は、want はこのほかに、別の動詞と組み合わせて「〜したい」という意味にもなるという。それでは、次の英文を見て、その作り方を見抜け。

I want to play soccer. 私はサッカーをしたい。
I want to see you. 私はあなたに会いたい。

I don't want to go there. ぼくはそこに行きたくない。
I don't want to watch TV. ぼくはテレビを見たくない。

Do you want to play outside?
あなたは外で遊びたいですか?

Do you want to go out?
あなたは外出したいですか?

そして、この法則にしたがって日本文を英語に直せ。

① 私は京都に行きたい。

② ぼくは今日、外で遊びたくない。

（「外で遊ぶ」play outside ）

③ 私は先生になりたい。

④ あなたは私の家に来たいですか?

（「〜にくる」come to ）

• • • • • • • • • • • • • • • • • • • • • • • • • • • • • • • • •

「法則はわかる気がするわね」

「そうだね。でも③の文は英語にするのがちょっと難しいな」

「それでは、ヒントをあげよう。『なりたい』と書いてあるが、『〜でありたい』と書くんだよ。『〜である』を表す動詞はなんだったかな?」

「am/are/is のどれかってこと?」

「そう。ただ、to の後にくる動詞は元の形（原形）が必要なんだ。am/are/is はすでに変化した形で、原形ではない。これらの元の形は何だったかな?」

「あ、わかった!」

「私も!」

# 答え

want の後<sub>あと</sub>に to ＋動詞<sub>どうし</sub>の原形を置く。

① I want to go to Kyoto.
② I don't want to play outside today.
③ I want to be a teacher.
④ Do you want to come to my house?

「英語で『〜したい』というときは want の後<sub>あと</sub>に to ＋動詞<sub>どうし</sub>を置けばいいんだ。

---

**want to 動詞<sub>どうし</sub>（原形）＝「〜したい」**

**I want to play baseball.** 私は野球がしたい。

---

ただし、to の後<sub>あと</sub>に置く動詞<sub>どうし</sub>は原形、つまり変化していない元の形だということに注意しよう。それでは、2人とも何か文を作ってみて」

「じゃあ、ぼくからいくよ」

**I want to play soccer.** ぼくはサッカーがしたい。

「じゃあ、私も」

**I want to go shopping.** 私は買い物に行きたい。

「2人とも正解だ。注意しないといけないのは am/are/is だね。あくまでも元の形が必要だから、be にしないといけないんだ」

「これが難しかったね。最初、✕I want to am a teacher. って書きそうになったよ」

「私もよ」

「では、『私は医者になりたい』は何と言う?」

「わかった!

**I want to be a doctor.**

だね」

「その通り。そして、want を使ったふつうの文と同じように、否定文には don't をつけて、疑問文は do を文の最初につければいい」

**I want to play baseball.**

私は野球がしたい。

**I don't want to play baseball.**

私は野球がしたくない。

don't をたす

**Do you want to play baseball?**

あなたは野球がしたいですか?

Do を最初につける

「なるほど」

「さらに、Chapter 5でやったように want に ed をつけて過去形(かこけい)にもできる」

I wanted to see Tom.

私はトムに会いたかった。

ed をつける

I didn't want to see Tom.

私はトムに会いたくなかった。

didn't をたして動詞(どうし)は原形

Did you want to see Tom?

あなたはトムに会いたかったですか?

最初に Did をたして動詞(どうし)は原形

「では、これを使って文を作ってごらん」

「じゃあ、ぼくからいくよ」

I wanted to play video games with friends.

ぼくは友人たちとテレビゲームがしたかった。

「私もできたわ」

I didn't want to go shopping today.

私は今日は買い物に行きたくなかった。

「いいだろう。 では、ここで問題を出すよ」

次の日本語を表すように、英文のカッコに正しい語を
1つずつ入れよう。

① ぼくはニューヨークに行きたい。

I want [          ] [            ] to New York.

② 私は今、夕食を食べたくない。

I [          ] want [          ] [          ] dinner
now.

③ ぼくはメアリーに会いたかった。

I [        ] [          ] see Mary.

④ その動物園に行きたいですか?

[          ] you want [          ] go to the zoo?

⑤ 私は算数の先生になりたい。

I want [          ] [          ] a math teacher.

「③は注意しなきゃだね」

「そうね。『したい』じゃなくて『したかった』だもんね」

「いいところに気がついたね。 あと、⑤も気をつけてね」

「解き終わったら、下の答えを見よう」

 答え （DL Track 071）

① I want [ to ] [ go ] to New York.

② I [ don't ] want [ to ] [ eat ] dinner now.

③ I [ wanted ] [ to ] see Mary.
　❶「したかった」だから want は過去形が必要だね。

④ [ Do ] you want [ to ] go to the zoo?

⑤ I want [ to ] [ be ] a math teacher.
　❶ to の後は動詞の原形だから be 動詞は be になるよ。

「できたかな？ そうだ、発音について言っておこう。want to『ウォントゥ』を早く発音すると『ワナ』と言うこともあるんだ。want to go だと『ワナゴウ』っぽい感じになる」

「全然違うし！」

「でも、マネして言えば、上手く聞こえるんじゃない？」

「その通りだよ。CDでもそう発音されているところもあるから、気をつけて聞いてごらん。では、話す練習だ」

# Practice 1 英語で言ってみよう!

次の日本文を英語にして口（くち）に出してみよう。

① 私はその新しいアニメを見たい。
② ぼくは夕食の前に宿題を終わらせたかった。
③ 私は明日は早く起きたくない。
④ ぼくは医者になりたい。
⑤ ぼくは次のトーナメントのために強いデッキを組みたい。

to＋動詞（どうし）の原形よ。
to を忘れちゃだめよ。

CD Track 64
DL Track 072

 ヒント

① 「（テレビなど）を見る」watch 「アニメ」anime
② 「終わらせる」finish 「宿題」homework
③ 「起きる」get up 「早く」early 「明日」tomorrow
④ 「医者」doctor
⑤ 「組み立てる、建てる」build 「強い」strong
　「（カードの）デッキ」deck
　「次のトーナメントのために」for the next tournament

次の絵を見て「あなたは〜したいですか？」と英語で質問して、さらにその答えを Yes/No の両方で答えてみよう。

例

Do you want to play soccer?
Yes, I do. I want to play soccer.
No, I don't. I don't want to play soccer.

① 　② 　③

④ 　⑤

CD Track 65
DL Track 073

① 「お風呂に入る」take a bath
② 「ピラミッド」pyramid
③ 「ハンバーガー」a hamburger
④ 「家に帰る」go home
⑤ 「音楽を聞く」listen to music

# Practice 3 英語で答えてみよう!

これはCDを聞いて答える問題だ。「あなたは〜したいですか」と質問されるので、解答が流れる前に自分の答えを英語で言ってみよう。ただし、答え方は次の通りとする。

**CD Track 66**
DL Track 074

例　CDから流れる音声

## Do you want to go swimming today?

あなたは今日、泳ぎに行きたいですか?

➡ Yes なら

Yes, I do. I want to go swimming today.

➡ No なら

No, I don't. I don't want to go swimming today.

質問は①〜⑤までの5問だ。答えがまにあわなかったら、CDを止めてもよい。

**CD Track 67**
DL Track 075

①〜⑤

　どうしてもわからないときに見てね。

**CD Track 68**
DL Track 076

① watch TV「テレビを見る」　tonight「今夜」
② nurse「看護師（かんごし）」
③ take a shower「シャワーを浴びる」
④ Hawaii「ハワイ」
⑤ play cards「トランプをする」

# Answers ▷ Practice 1-3

## Practice 1

CD Track 69
DL Track 077

① I want to watch the new anime.

② I wanted to finish my homework before dinner.

③ I don't want to get up early tomorrow.
   💬 don't の代わりに do not でもいいよ。

④ I want to be a doctor.

⑤ I want to build a strong deck for the next tournament.

## Practice 2

CD Track 70
DL Track 078

① Do you want to take a bath?
   あなたはお風呂に入りたいですか？

   Yes, I do. I want to take a bath.
   はい。私はお風呂に入りたいです。

   No, I don't. I don't want to take a bath.
   いいえ。私はお風呂に入りたくありません。

② Do you want to see the pyramids?
   あなたはピラミッドが見たいですか？

   Yes, I do. I want to see the pyramids.
   はい。私はピラミッドが見たいです。

   No, I don't. I don't want to see the pyramids.
   いいえ。私はピラミッドを見たくありません。

③ Do you want to eat a hamburger?

君はハンバーガーが食べたいかい？

Yes, I do. I want to eat a hamburger.

はい。私はハンバーガーが食べたいです。

No, I don't. I don't want to eat a hamburger.

いいえ。私はハンバーガーを食べたくありません。

④ Do you want to go home?

君は家に帰りたい？

Yes, I do. I want to go home.

はい。私は家に帰りたいです。

No, I don't. I don't want to go home.

いいえ。私は家に帰りたくありません。

⑤ Do you want to listen to music?

あなたは音楽が聞きたいですか？

Yes, I do. I want to listen to music.

はい。私は音楽が聞きたいです。

No, I don't. I don't want to listen to music.

いいえ。私は音楽を聞きたくありません。

① Do you want to watch TV tonight?

君は今夜テレビが見たいですか？

Yes, I do. I want to watch TV tonight.

はい。私は今夜テレビが見たいです。

No, I don't. I don't want to watch TV tonight.

いいえ。私は今夜テレビは見たくありません。

② Do you want to be a nurse?

あなたは看護師になりたいですか？

Yes, I do. I want to be a nurse.

はい。私は看護師になりたいです。

No, I don't. I don't want to be a nurse.

いいえ。私は看護師になりたくありません。

③ Do you want to take a shower now?

あなたは今シャワーを浴びたいですか？

Yes, I do. I want to take a shower now.

はい。私は今シャワーを浴びたいです。

No, I don't. I don't want to take a shower now.

いいえ。私は今シャワーを浴びたくありません。

④ Do you want to go to Hawaii?

あなたはハワイに行きたいですか？

Yes, I do. I want to go to Hawaii.

はい。私はハワイに行きたいです。

No, I don't. I don't want to go to Hawaii.

いいえ。私はハワイに行きたくありません。

⑤ Do you want to play cards?

君はトランプがしたいかい？

Yes, I do. I want to play cards.

はい。私はトランプがしたいです。

No, I don't. I don't want to play cards.

いいえ。私はトランプをしたくありません。

これがつっかえずに言えるように
なったら、けっこうペラペラ
だよね。

はかせ

# 「to＋動詞」その他の表現

どうし

want の他にも「to＋動詞」といっしょに使う動詞がある。いっしょに覚えておこう。

CD Track 71
DL Track 079

■ start to＋動詞　　～し始める

どうし

### I started to study English.

ぼくは英語を勉強し始めた。

### I started to read a book.

私は本を読み始めた。

■ decide to＋動詞　　～することを決心する
　　　　　　　　　　～することに決める

どうし

🔵 decide は「決心する、決める」の意味。

### I decided to study English.

ぼくは英語を勉強することに決めた。

### I decided to read a book.

私は本を読むことにした。

では、次の日本語を英文にしてみよう。

① ぼくは昨年テニスを練習し始めた。
② 私はハルカと買い物に行くことにした。
③ ぼくの妹は泣き始めた。
④ 私はトラップカードを1枚、自分のデッキに入れることにした。

CD Track 71
DL Track 079

① 「練習する」practice 「昨年」last year
② 「買い物に行く」go shopping 「ハルカと」with Haruka
③ 「姉・妹」sister 「泣く」cry
④ 「入れる、置く」put 「トラップ（わな）カード」trap card
　 「（カードの）デッキ」deck

CD Track 71
DL Track 079

① I started to practice tennis last year.
② I decided to go shopping with Haruka.
③ My sister started to cry.
④ I decided to put a trap card in my deck.

likeのナゾを解け！

like は「〜が好きだ」の意味である。

CD Track 72
DL Track 080

I like **dogs.**　　私は犬が好きだ。

I like **soccer.**　私はサッカーが好きだ。

しかし、動詞をある形にして like の後ろに置くと、「〜すること
が好きだ」の意味になるという。

それでは、次の英文を見て、どのような形にすればいいのか法
則を見つけよ。

I like **playing the piano.**
　　　　　　私はピアノをひくのが好きだ。

I don't like **cleaning my room.**
　　　　　　ぼくは部屋を片づけるのが好きではありません。

Do you like **making sweets?**
　　　　　　あなたはお菓子を作ることが好きですか？

そして、この法則に基づいて、次の文を英語に直せ。

① ぼくは外で遊ぶのが好きだ。

（「外で遊ぶ」play outside）

② 私はテレビを見るのが好きじゃない。

（「テレビを見る」watch TV）

③ 君は友人たちと買い物に行くのが好きかい？
（「買い物に行く」go shopping　「友人たちと」with friends）

「例文はふつうの文と、否定文、疑問文だけど、結局『～すること』の部分は同じに見えるわね」

「うん。動詞をちょっといじくるんだよね」

「そうだね。あとは、

　　ぼくは好きだ
　　私は好きじゃない
　　君は好きかい

の部分を、これまでに習ったやり方で作ればいい」

## 答え

動詞に ing をつけて like の後に置く。

① I like playing outside.

② I don't like watching TV.

③ Do you like going shopping with friends?

「動詞に ing をつけて、like の後ろに置けば、『～することが好きだ』の意味になる」

動詞に ing をつける

**I like playing the piano.**

ぼくはピアノをひくのが好きだ。

「じゃあ、I don't like の後に置けば『私は～するのが好きじゃない』という意味になるの?」

「その通りだよ」

「それなら、Do you like の後に置けば『あなたは～するのが好きですか?』になるね」

「正解だ。では、文を作ってみよう」

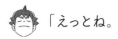「えっとね。

**I don't like playing video games.**

ぼくはテレビゲームをするのが好きじゃない。

でどう？」

「よく言うわね。 じゃあ、私はこれで」

**I like making cookies.**

私はクッキーを作るのが好きです。

「うむ。2人とも正解<ruby>正解<rt>せいかい</rt></ruby>だよ」

「たしかに、 カスミの作るクッキーっておいしいよね」

「な、 何よ。 おだてたってだめよ」

「え、 別にホントのことじゃん」

「そ、 そぉ？ なら、 今度また作ってあげる」

「やった！」

「ふふふ」

「では、ここで問題を出すよ」

## 問　題

次の日本語を表すように、英文のカッコに正しい語を
ひとつずつ入れよう。

① 私は絵を描くのが好きです。

　　I like [ 　　　　 ] pictures. 　　　　（「描く」draw）

② ぼくはお風呂に入るのが好きじゃない。

　　I [ 　　　 ] like [ 　　　　 ] a bath.
　　　　　　　　　　（「お風呂に入る」take a bath）

③ 私は友人たちとおしゃべりするのが好きです。

　　I [ 　　 ] [ 　　　　 ] with friends.

　　　　　　　　　　　　（「おしゃべりする」chat）

④ 君はサッカーをするのが好きかい?

　　[ 　　　 ] you [ 　　　 ] [ 　　　 ] soccer?

⑤ 私は自分の部屋を片づけるのが好きではありませ
ん。

　　I [ 　　　 ] [ 　　　 ] [ 　　　　 ] my room.

　　　　　　　　　　　　　（「片づける」clean）

「できたら、下の答えを見よう」

DL Track 081

① I like [drawing] pictures.

② I [ don't ] like [ taking ] a bath.

③ I [ like ] [chatting] with friends.

④ [ Do ] you [ like ] [ playing ] soccer?

⑤ I [ don't ] [ like ] [cleaning] my room.

「できたけど、つづりがよくわからないのがあったよ」

「私も。ing をつけるだけじゃないのがあるわね」

「その通り。いくつか例外があるけど、それは、トリビアで解説しよう。今は、ing をつけると覚えておいてね」

「はーい」

「よし。それでは、話す練習をしてみよう」

# Practice 1 英語で言ってみよう!

次の日本文を英語にして口に出してみよう。

① ぼくは友人たちとテレビゲームをするのが好きだ。
② 私はクッキーを作るのが好きです。
③ ぼくは写真をとるのが好きではない。
④ 私はマンガを描くのが好きだ。
⑤ あなたは音楽を聞くのが好きですか?

like＋動詞の ing 形だよ。

ヒント

CD Track 73
DL Track 082

① 「テレビゲーム」video game 「友人たちと」with friends
② 「クッキーを作る」make cookies
③ 「写真をとる」take pictures
④ 「マンガを描く」draw manga
⑤ 「音楽を聞く」listen to music

# Practice 2 英語で言ってみよう！

次の絵について、「あなたは〜するのが好きですか？」と質問し、その
答えを Yes/No の両方で答えよう。ただし、答え方は次の通りとする。

例

Do you like swimming?
　　Yes, I do. I like swimming.
　　No, I don't. I don't like swimming.

① 　② 　③

④ 　⑤

CD Track 74
DL Track 083

① 「おどる」dance
② 「自転車に乗る」ride a bicycle
③ 「リコーダーを吹く」play the recorder
④ 「アニメを見る」watch anime
⑤ 「お風呂に入る」take a bath

## Practice 3 英語で答えてみよう!

これはCDを聞いて答える問題だ。「あなたは〜するのが好きですか」と質問されるので、解答が流れる前に自分の答えを英語で言ってみよう。ただし、答え方は次の通りとする。

例 CDから流れる音声                   CD Track 75
                                    DL Track 084

**Do you like swimming?**

あなたは泳ぐのが好きですか?

➡ Yes なら

Yes, I do. I like swimming.

➡ No なら

No, I don't. I don't like swimming.

質問は①〜⑤までの5問だ。答えがまにあわなかったら、CDを止めてもよい。

①〜⑤                              CD Track 76
                                   DL Track 085

 質問が聞き取れなかったら見よう        CD Track 77
                                                        DL Track 086

① play smartphone games「スマートフォンのゲームをする」
② draw manga「マンガを描く」
③ sing「歌う」
④ chat「おしゃべりする」
⑤ listen to music「音楽を聞く」

# Answers  Practice 1-3

## Practice 1

**CD Track 78**
DL Track 087

① I like playing video games with friends.
② I like making cookies.
③ I don't like taking pictures.
④ I like drawing manga.
⑤ Do you like listening to music?

## Practice 2

**CD Track 79**
DL Track 088

① Do you like dancing?　君はおどるのが好きかい？

　Yes, I do. I like dancing.
　　　はい。私はおどるのが好きです。

　No, I don't. I don't like dancing.
　　　いいえ。私はおどるのが好きではありません。

② Do you like riding a bicycle?
　　　あなたは自転車に乗るのが好きですか？

　Yes, I do. I like riding a bicycle.
　　　はい。私は自転車に乗るのが好きです。

　No, I don't. I don't like riding a bicycle.
　　　いいえ。私は自転車に乗るのが好きではありません。

③ Do you like playing the recorder?
　　　あなたはリコーダーを吹くのが好き？

　Yes, I do. I like playing the recorder.
　　　はい。私はリコーダーを吹くのが好きです。

　No, I don't. I don't like playing the recorder.
　　　いいえ。私はリコーダーを吹くのが好きではありません。

④ Do you like watching anime?

君はアニメを見るのが好きかい？

Yes, I do. I like watching anime.

はい。ぼくはアニメを見るのが好きです。

No, I don't. I don't like watching anime.

いいえ。ぼくはアニメを見るのが好きではありません。

⑤ Do you like taking a bath?

あなたはお風呂に入るのが好きですか？

Yes, I do. I like taking a bath.

はい。私はお風呂に入るのが好きです。

No, I don't. I don't like taking a bath.

いいえ。私はお風呂に入るのが好きではありません。

Practice 3   CD Track 76 / DL Track 085

① Do you like playing smartphone games?

君はスマートフォンのゲームをするのが好きですか？

Yes, I do. I like playing smartphone games.

はい。私はスマートフォンのゲームをするのが好きです。

No, I don't. I don't like playing smartphone games.

いいえ。私はスマートフォンのゲームをするのが好きではありません。

② Do you like drawing manga?

あなたはマンガを描くのが好きですか？

Yes, I do. I like drawing manga.

はい。ぼくはマンガを描くのが好きです。

No, I don't. I don't like drawing manga.

いいえ。ぼくはマンガを描くのが好きではありません。

③ Do you like singing?

君は歌うことが好きですか？

Yes, I do. I like singing.

はい。私は歌うのが好きです。

No, I don't. I don't like singing.

いいえ。私は歌うことが好きではありません。

④ Do you like chatting with friends?

あなたは友人たちとおしゃべりするのが好きですか？

Yes, I do. I like chatting with friends.

はい。ぼくは友人たちとおしゃべりするのが好きです。

No, I don't. I don't like chatting with friends.

いいえ。ぼくは友人たちとおしゃべりするのが好きではありません。

⑤ Do you like listening to music?

あなたは音楽を聞くのが好きですか？

Yes, I do. I like listening to music.

はい。私は音楽を聞くのが好きです。

No, I don't. I don't like listening to music.

いいえ。私は音楽を聞くのが好きではありません。

これが言えたら、ペラペラっ
て感じするわよね〜。

# 「〜が得意だ」

「〜が得意だ」は次のように言うことができる。

**be** good at 〜 　　〜が得意だ、〜が上手だ

主語に合わせて am/are/is に変わるよ

CD Track 80
DL Track 089

**I** am good **at video games.**

　　　　　　　　　ぼくはテレビゲームが得意だ。

**Kasumi and Kenta** are good at **English.**

　　　　　　　　　カスミとケンタは英語が得意だ。

さて、at の後には先に学んだ、動詞の ing 形を使うこともできる。
「〜することが得意だ」の意味になるんだ。

**Hanako** is good at **drawing pictures.**

　　　　　　　　　ハナコは絵を描くのが上手だ。

**I**'m not good at **sing**ing.

　　　　　　　　　私は歌うのがうまくない。

I am の短縮形だ

166

■ ing のつけ方

基本的には、動詞（どうし）に直接 ing をつければいい。ただし、いくつか例外がある。

① e で終わる単語は e を取って ing をつける

**take ➡ taking　　make ➡ making**

② 最後の1字を重ねて ing

**run ➡ running　　swim ➡ swimming**

②は難（むずか）しいけど、今は気にせず「そんなこともある」ぐらいでいいぞ。そのうち感じがつかめるからね。

では、次の日本語を英文にしてみよう。

① 私はお菓子（かし）を作るのが得意です。

（「お菓子（かし）を作る」make sweets）

② トムは手紙を書くのがうまくない。

（「書（か）く」write　「手紙」letter）

③ あなたは自転車に乗るのが上手ですか？

（「乗る」ride　「自転車」bicycle）

答え

① I am good at making sweets.

② Tom isn't good at writing letters.

③ Are you good at riding a bicycle?

英語で「〜しろ」「〜してください」と言うとき、次のような文になる。

CD Track 81
DL Track 090

**Open the door.**　　ドアを開けなさい。
**Brush your teeth.**　歯をみがきなさい。

では、どのようにすればこのような文（命令文）を作ることができるか、その法則を推理せよ。そして、次の日本語を英語に直せ。

① 英語を話しなさい。　　　（「（言葉など）を話す」speak ）
② 毎日野菜を食べなさい。
　　　　　　　　　　（「野菜」vegetable 「毎日」every day）

「主語がないわね」

「動詞から文を始めればいいのかな」

「え、それだけ？ そんな簡単な作り方なの？」

「ふふふ」

# 答え

動詞の原形（元の形）から文を始める。

① Speak English.
② Eat vegetables every day.

「主語なしで動詞の原形から始めれば自動的に命令文になるんだ。文の最初だから大文字にするのを忘れずにね」

主語はいらない。動詞の原形

Eat vegetables every day.

その後ろはふつうの文と同じ

「それだけでいいの？ 簡単じゃん」

「ほんとね。ふつうの文より簡単っておもしろいわね」

「では、次の文を作ってごらん」

目を閉じなさい。　　（「閉じる」close 「あなたの目」your eyes）
友人たちに親切にしなさい。　　　（「〜に親切な」kind to 〜）

「最初の文は

**Close your eyes.**

よね。 2つ目のは……」

「わかった!

× **Kind to your friends.**

じゃないかな」

「残念。ケンタの文がまちがいだ。動詞の原形で文を始めないといけないんだよ。kind は happy と同じ□の仲間なんだ。なので、be動詞といっしょに使うんだよ」

「わかったわ! それなら

× **Are kind to your friends.**

じゃない?」

「おしい。カスミもまちがい。動詞は原形でないといけないんだ。am/are/is の元の形は何だったかな?」

「そっか。be だ。ということは

**Be kind to your friends.**

ってことだね」

「正解だ。am/are/is はすでに変化した形であって、原形が be であることを忘れないようにね。だから、原形が必要と言われたら be にするんだ」

「うーん、でも、そもそも、なんで be が必要なのかがわからないな」

「実は、私もなのよ」

「では、このように考えよう。命令文は、you を主語にしたふつうの文から you を取って作る。ただし、動詞は原形」

そう考えると、『親切にしなさい』という文も次のようになるよね」

「なるほど、そういうことね。それでわかったわ」

「そうだね。ふつうの文では最初から be 動詞が入っているってことか」

「うむ。これも kind が happy の仲間であることからきているんだ。あと、please を文頭か文末につけると、命令口調が少し和らぐ。『どうか〜してください』『どうぞ〜してください』という意味なんだ。これもいっしょに覚えておこう」

Please **open the door.**
**Open the door,** please.
どうぞそのドアを開けてください。

「じゃあ、カスミ、これでどう？」

**Please do your homework every day.**
毎日、自分の宿題をしてください。

「何言ってるのよ。ちゃんと毎日やってるし。そんなこと言うなら、私だって言っちゃうわよ」

**Clean your room every day.**
毎日、自分の部屋を片づけなさい。

「うへ。わかったよぅ」

「ふふふ。では、ここで問題を出すよ」

 問 題

次の日本語を表すように、英文のカッコに正しい語を
1つずつ入れよう。

① 夕食の前に手を洗いなさい。

[　　　　　] your hands before dinner.

② 部屋を片づけなさい。

[　　　　　] your room.

③ どうぞ静かにしてください。

[　　　　] [　　　　　] quiet.

④ 明日は6時に起きなさい。

[　　　　　] up at 6 tomorrow.

⑤ (男の子に対して) いい子でいなさい。

[　　　　　] a good boy.

 「作り方は簡単だけど、be 動詞には気をつけないと」

 「ねえ、quiet って動詞じゃなくて、happy の仲間じゃないの?」

 「あと、⑤も注意しないといけないような……」

 「いいところに気がついたね」

「できたら、下の答えを見よう」

 答 え 〔 DL Track 091 〕

① 〔 Wash 〕 your hands before dinner.

② 〔 Clean 〕 your room.

③ 〔 Please 〕 〔 be 〕 quiet.

　❶ You are quiet. から you を取って、are を原形にすれ
　ばいいんだね。

④ 〔 Get 〕 up at 6 tomorrow.

⑤ 〔 Be 〕 a good boy.

「ちょっとわかってきたかな」

「そうね。わからなかったら、ふつうの文がどうなるのか考え
れば、なんとかなるかも」

「③と⑤も、quiet と a good boy は動詞じゃないし、文を作
るには、

**You are quiet.**　　　　　あなたは静かです。
**You are a good boy.**　　君はいい子だ。

って感じで be 動詞を入れるからってことだよね」

「その通りだよ。それでは、話す練習をしてみよう」

## Practice 1 ▶ 英語で言ってみよう!

次の日本文を英語にして口（くち）に出してみよう。

① この本を家で読みなさい。
② どうぞ目を閉じてください。
③ 気をつけなさい。
④ 自分のデッキから7枚のカードを引きなさい。
⑤ あなたは疲（つか）れてるのよ。寝（ね）なさい。

> 動詞（どうし）の原形から文を始めてね。

CD Track 82
DL Track 092

① 「読む」read　「家に（で）」at home
② 「閉じる」close
③ 「注意深い」careful
④ 「引く」draw　「（カードの）デッキ」deck　「〜から」from
⑤ 「疲（つか）れて」tired　「寝る」go to bed

次の絵を見て「〜しなさい」と英語で言ってみよう。

例

 Open the door.

①

②

③

④

⑤

CD Track 83
DL Track 093

① 「閉める」close 「窓」window
② 「起きる」get up
③ 「皿を洗う」wash the dishes
④ 「〜を見る」look at 〜 「時計」clock
⑤ 「静かな」quiet

# Answers ▶ Practice 1-2

## Practice 1

CD Track 84
DL Track 094

① Read this book at home.

② Please close your eyes.　❶ please は文の最後でもいいよ。

③ Be careful.

> ❶ careful は happy と同じ仲間だから、ふつうの文は You are careful. となるね。だから be が必要だよ。

④ Draw 7 cards from your deck.

⑤ You're tired. Go to bed.

> ❶ you're は you are を短くした形だったね。覚えてたかな？ もちろん、You are ... と言っても正解だ。

## Practice 2

CD Track 85
DL Track 095

① Close the window.　　窓を閉めなさい。

② Get up.　　　　　　　起きなさい。

③ Wash the dishes.　　皿を洗いなさい。

④ Look at the clock.　　時計を見なさい。

> ❶ 置き時計や壁掛け時計は clock と言うよ。うで時計は watch だ。

⑤ Be quiet.　　　　　　静かにしなさい。

> ❶ quiet「静かな」は動詞じゃなくて happy の仲間だから、ふつうの文は You are quiet. になる。だから、be が必要だ。

## 文字通りにとるとヘン？

たとえば、悪事をやめることを「足を洗う」というけど、本当にせっけんで足を洗うわけではないよね。このような、文字通りの意味以外の意味を持つ言い方は英語にもたくさんあるんだ。それでは、次の語句を見て、どういう意味で使われているのか推理 (すい) してみよう。直訳 (ちょくやく) （文字通りの意味）をつけておいたので、ヒントにしてね。

CD Track 86
DL Track 096

① rain cats and dogs　　ネコと犬のように雨が降 (ふ) る？
② sour grapes　　すっぱいブドウ？
③ a piece of cake　　1切れのケーキ？
④ play possum　　フクロネズミを演じる？
⑤ get cold feet　　冷たい足を得る？
⑥ house warming party　　家を暖めるパーティー？
⑦ musical chairs　　音楽のいす？
⑧ piggy bank　　ブタの銀行？

### ヒント

① 犬とネコがいっしょになるとどんなことになるかな？
② イソップ物語「キツネとブドウ」からきた表現だよ。
③ 日本語だと、朝ごはんの前だね。
④ フクロネズミは危険を感じるとあることをする習性がある。

⑤ バンジージャンプをする前にこうなるかもしれないな。

⑥ どんなときに家が寒々としている感じがするかな。

⑦ イスを使ったゲームの名前だよ。

⑧ お金に関するある物の名前だ。ブタの形をしているものが多いのでこう呼ばれたんだな。

## 答え

① はげしい雨が降る

② 負けおしみ

> ブドウを取ろうとして手が届かなかったキツネが「あのブドウはすっぱいから食べられなくてもいいさ」って負けおしみを言ったことからできた表現なんだ。

③ すごく簡単なこと　　　> 日本語だと「朝飯前」だね。

　The test was a piece of cake!
　　　　　　　　そのテストはとても簡単だったよ！

④ 死んだふりをする、ねたふりをする

> possum「フクロネズミ」は死んだふりをする動物だよ。

⑤ おじけづく

⑥ 引越し祝いのパーティー

⑦ いす取りゲーム

⑧ （ブタの形をした）貯金箱

どうだったかな。なるほどと思うものと、まったく想像もつかないものもあったんじゃないかな。そこが英語のおもしろいところだよね。

「〜しろ」「〜しなさい」は動詞の原形から文を始めればいいことがわかった。逆に「〜するな」は次のように作る。

CD Track 87
DL Track 097

Don't **open the door.**　ドアを開けるな。
Don't **run in the hallway.**

　　　　　　　　　廊下を走ってはいけません。

では、どのようにすれば否定の命令文を作ることができるか考え、次の日本語を英語に直せ。

① ここで日本語を話してはいけません。

（「日本語」Japanese 「ここで」here）

② 今日はテレビを見てはいけません。

（「テレビを見る」watch TV）

・・・・・・・・・・・・・・・・・・・・・・・・・・・・・

「作り方は簡単だね」

「そうね。英文もできたわ」

「考えるだけでなく、ちゃんと口に出して練習してね」

# 答え

命令文の最初に don't を入れる。

① Don't speak Japanese here.
② Don't watch TV today.

「命令文の最初に don't を入れれば、『〜するな』という意味になる。否定命令文というやつだね。please もふつうの命令文と同じように、文頭か文末につく」

動詞の原形から文を始めれば命令文

Open **the window.**　　　その窓を開けろ。

Don't open **the window.**　　その窓を開けるな。

その前に don't を置けば「〜するな」の意味になる。

please「どうぞ、どうか」も使える。

どうかその窓を開けないでください。

<u>Please</u> don't open the window.

Don't open the window, <u>please</u>.

「わかったかな？ では、文を作ってみよう」

「じゃあ、カスミ」

### Don't eat my snacks.
ぼくのお菓子を食べるな。

「最初から食べてないし！ なら私も」

### Don't play video games every day.
毎日テレビゲームをするな。

「フフフ」

「フフフ」

「ふたりとも目が笑ってないぞ」

「では、ここで問題だよ」

---

次の日本語を表すように、英文のカッコに正しい語を
1つずつ入れよう。

① この箱を開けるな。

　　[　　　　]〔　　　　　〕this box. 　（「開ける」open）

② クラスメートをいじめてはいけません。

　　[　　　　]〔　　　　　〕your classmate.

　　　　　　　　　　　（「いじめる、いじめっ子」bully）

③ ねぼうしてはいけません。

　　[　　　　　]oversleep.

④ どうぞおくれないでください。

　　[　　　　]〔　　　　〕[　　　　] late.

　　　　　　　　　　　（late「ちこくの、おくれた」）

⑤ 名札を忘れるな。

　　[　　　　]〔　　　　　〕your name tag.

　　　　　　　　　　　　　　（「忘れる」forget）

---

 「late って動詞じゃないわよね」

 「いいところに気がついたね。happy の仲間だよ」

 「むむ。ってことは、×Don't late はだめなんだね」

 「だめだね」

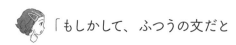「もしかして、ふつうの文だと

**You are late.**　　あなたはちこくです。

になる?」

「その通り」

「そっか、わかったぞ」

「できたら、下の答えを見よう」

---

　　　　　　　　　　　　　　　　　( DL Track 098 )

① [ Don't ] [ open ] this box.

② [ Don't ] [ bully ] your classmate.

③ [ Don't ] oversleep.

④ [ Please ] [ don't ] [ be ] late.

⑤ [ Don't ] [ forget ] your name tag.

---

「もう少しで、④をまちがえるところだったよ」

「そうね。ちょっとなれてきたかも」

「その調子だよ。それでは、話す練習をしてみよう」

## Practice **1** 英語で言ってみよう!

次の日本文を英語にして口に出してみよう。

① 私の日記を読まないで。

② ヨウコの部屋に行ってはいけない。彼女はいそがしいのだ。

③ どうか、その機械にさわらないでください。危ないんです。

④ 自分の宿題を忘れちゃだめだよ。

⑤ 夕食の前にお菓子を食べてはいけません。

「～するな」を表す命令文は、
どうやって作るんだった?

CD Track 88
DL Track 099

①「日記」diary

②「いそがしい」busy

③「機械」machine 「危ない」dangerous

④「忘れる」forget

⑤「夕食の前に」before dinner

# Practice 2 英語で言ってみよう！

次の絵を見て「～してはいけません」と英語で言ってみよう。ただし、絵の下に書かれている語句も使うこと。

例 Don't take a bath today.

today

① tomorrow

② today

③ here

④ in the hallway

⑤ in the classroom

CD Track 89
DL Track 100

ヒント

① 「ねぼうする」oversleep　　② 「見る」watch
③ 「写真をとる」take pictures　　④ 「走る」run 「ろうかで」in the hallway
⑤ 「キャッチボールをする」play catch

# Answers Practice 1-2

## Practice 1

CD Track 90
DL Track 101

① Don't read my diary.

② Don't go to Yoko's room. She is busy.

③ Please don't touch the machine. It's dangerous.

④ Don't forget your homework.

⑤ Don't eat a snack before dinner.

## Practice 2

CD Track 91
DL Track 102

① Don't oversleep tomorrow.

明日、ねぼうしてはいけません。

② Don't watch TV today.

今日は、テレビを見てはいけません。

③ Don't take pictures here.

ここで写真をとってはいけません。

④ Don't run in the hallway.

ろうかを走ってはいけません。

⑤ Don't play catch in the classroom.

教室でキャッチボールをしてはいけません。

はかせ

# 音がくっついて消える？

英語では、話しているときに、別の単語の音がくっついたり、消えたりすることがある。

## ★ 子音と母音はくっつく

しいん　ぼいん

子音で終わる単語の次に母音で始まる単語がくるとくっつくよ。

**get it in** ➡ ゲティティン

CD Track 92
DL Track 103

t と i がくっついて「ティ」っぽく聞こえる

このように、t と i がくっついて「ティ」のようにいっしょに発音されるんだ。

## This is a pen.

「スィザ」っぽく聞こえる

これも s と i がくっついて「スィ」、s と a がくっついて「ザ」っぽく聞こえるので、カタカナで書くと、「ディスィザペン」のように聞こえる。「ディス　イズ　ア　ペン」のように、1つ1つ区切らないんだよ。

## ★ 子音が続くと最初の子音が発音されない

今度は、消える音だよ。子音で終わる単語の次に子音で始まる単語がくると、最初の子音がきちんと発音されず、聞こえにくく「ッ」になってしまうことがある。

### that book ➡ ザッブック

最初の t がはっきり発音されず、「ッ」に近くなる。
「ザット ブック」ではない。

このように音がくっついたり、はっきり発音しなくなったりするというのは、聞き取りが難しくなる原因の1つだけど、何度も聞いているうちに慣れていくよ。

では、次の文を発音してみよう。CDも聞いてね。

### ① I have an egg.

ハヴァ　ネッグ　　　私はたまごを1つ持っている。

### ② I put the book in an old box.

ki　na　no

プッ　ザ　　ブッ　キ　ナ　　ノウルッ　ボックス
私は古い箱の中にその本を入れた。

次の英文を見比べてみよう。

CD Track 93
DL Track 104

> I play tennis. 　　　　　私はテニスをします。
> Tom plays tennis. 　　　トムはテニスをします。

このように、一般動詞（be 動詞以外の動詞）も主語によって形が変わり、s がつくときがある。では、次の例文を見て、どのような場合に s がつくのか推理せよ。

### 変化しない場合

I play soccer. 　　　　　　　　ぼくはサッカーをする。

You play soccer. 　　　　　　　君はサッカーをする。

My sisters play soccer. 　　　　私の姉たちはサッカーをする。

### s がつく場合

Tom plays soccer. 　　　　　　　トムはサッカーをする。

My sister plays soccer. 　　　　私の姉はサッカーをする。

My cat sleeps on the sofa. 　　私のネコはソファーで寝る。

190

そして、次の日本語を英文に直せ。

① ハナコは京都に住んでいます。

② トムは日本語を上手に話します。

③ カスミとケンタは英語が好きだ。

・・・・・・・・・・・・・・・・・・・・・・・・・・・・・・・・

「これ、もしかして『主語によって動詞の形が変わる』ってやつ?」

「その通り。実は、これは中学校で習う文法なのでちょっと難しいんだ」

「でも、これができれば中学生レベルってことよね。すごいじゃない」

「よっし。なにがなんでも解き明かして、スーパー小学生を目指そう!」

# 答え

he と she と it の仲間が主語の場合、動詞の最後に s がつく。

① Hanako lives in Kyoto.

② Tom speaks Japanese well.

③ Kasumi and Kenta like English.

😀 主語は複数で they の仲間だから s はつかないよ。

 「というわけで、主語によって s がつくかどうかが決まる。そして、動詞に s がつく主語は he と she と it の仲間だね」

he/she/it の仲間が主語のとき

## Tom eats dinner.

動詞に s がつく

 「主語のグループ分けについては、1巻の Chapter 1で学んだんだけど、覚えているかな。このうち he/she/it の仲間になるものを、ここで復習しておこう。」

**he** 「彼は」… 男性1人（I と you 以外）

Taro タロウ　　my father 私の父
my teacher 私の先生（男性）

**she** 「彼女は」… 女性1人（I と you 以外）

Mary メアリー　　my mother 私の母
my teacher 私の先生（女性）

**it** 「それは」… 物や事1つ、動物1匹

my house 私の家　　the bag そのかばん
soccer サッカー　　an elephant ゾウ

「まとめて言うと、I と you 以外の1人か1つのものが主語だと s がつくんだ」

「ねえ、これって、『be 動詞では is になるもの』って覚えておけばいいんじゃない？」

「あ、ホントよ。やるわね」

「うん、それはいい考えだね」

「結局、be 動詞だけじゃなくて、ふつうの動詞も主語によって形が変わるのね」

「それだけ主語が大切な言葉なんだ。それと、いくつか s のつけ方に例外があるので覚えておこう」

① have は has に変わる。

I have a pen.　　　私はペンを持っている。

Ken has a pen.　　ケンはペンを持っている。

② es をつけるものがある。

go　　➡　goes
do　　➡　does（発音はダズに近い）
watch ➡　watches
pass　➡　passes

③ study は studies に変わる。

I study English.　　　ぼくは英語を勉強する。

Hana studies English.　ハナは英語を勉強する。

「①の has は覚えればいいとして、その他がややこしい〜」

「ややこしそうに見えるけど、単に読みやすいようにそうなっているだけだよ。たとえば、go に s だけをつけると、gos となり『ゴウズ』という発音には思えないし、watch に s だけつける

と watchs とか、pass に s だけつけると passs となって読みにくい。迷（まよ）ったときは、s だけつけてみて読みやすいかどうか考えてみるといいよ」

× gos「ゴス」？　　　　　→　goes「ゴウズ」

× passs「パスス」？　　　→　passes「パッスィズ」

× studys「スタダイズ」？　→　studies「スタディズ」

「たしかに、s をつけるだけだと読みにくい……のかな？」

「うーん、わかったような、わかんないような……」

「まあ、今はそれほど気にすることはないよ。こんなことがあるんだと思っておけばいい。そのうち慣れるからね」

「はーい」

「では、自分で文を作ってみよう」

「じゃあ、ぼくから行くよ」

**Kasumi makes great cookies.**

カスミはすばらしいクッキーを作る。

「あら、うれしいこと言ってくれるじゃない。じゃあ、私も」

**Kenta plays video games very well.**

ケンタはとても上手にテレビゲームをする。

「へへへ。ありがと」

「ふふふ。では、ここで問題だ」

---

次の日本語を表すように、英文のカッコに正しい語を
1つずつ入れよう。

① ケンタはサッカーをするのが好きだ。

Kenta [　　　　] playing soccer.

② カズマは携帯電話を持っている。
けいたい

Kazuma [　　　　] a cell phone.

③ カスミは夕食前に宿題をする。

Kasumi [　　　　] her homework before
dinner.

④ シンジとケイは毎日いっしょに学校に行く。

Shinji and Kei [　　　　] to school together
every day.　　　　（together「いっしょに」）

⑤ カナコはパリに行きたい。

Kanako [　　　　] to go to Paris.

---

「もしかして、1つひっかけ問題があるんじゃ……」

「あ、ホントだ」

「よくわかったね」

「できたら、下の答えを見よう」

---

DL Track 105

① Kenta 〔 likes 〕 playing soccer.

② Kazuma 〔 has 〕 a cell phone.

③ Kasumi 〔 does 〕 her homework before dinner.

④ Shinji and Kei 〔 go 〕 to school together every day.

> 🔑 シンジとケイの 2 人が主語だから、goes にはならないよ。

⑤ Kanako 〔 wants 〕 to go to Paris.

---

 「結局、主語が he/she/it の仲間かそれ以外かを一瞬で判断しないといけないんだね」

 「be 動詞もそうだったけど、一般動詞も主語によって形が変わるのね。特に話すときは気をつけないと、すぐ忘れそう」

 「それだけ英語は、主語が大切な言語でね、『主語に合わせて動詞を変える』という気持ちが大切なんだ。そう思っているだけで、かなりうまくなるよ。それでは、話す練習をしてみよう」

## Practice 1 英語で言ってみよう!

次の日本文を英語にして口に出してみよう。

① 私の祖父は滋賀に住んでいる。

② ヒデミは北海道に行きたい。

③ 私の犬は私のベッドの下で寝ます。

④ ハナコはいつも赤いリボンをつけています。

⑤ ユカには兄弟が1人います。

動詞の形に気をつけてね。

CD Track 94
DL Track 106

①「祖父」grandfather 「〜に住む」live in 〜
②「〜したい」want to 動詞
③「寝る」sleep 「私のベッドの下で」under my bed
④「いつも」always 「身につけている」wear 「リボン」ribbon
⑤「兄・弟」brother

# Practice 2 英語で言ってみよう!

次の絵を見て「〜は〜します」と英語で言ってみよう。ただし、主語は指定されたものを使うこと。

例

Yuka plays tennis.

Yuka

① Kenta

② Kasumi

③ Ms. Tanaka

④ Tom and Mary

⑤ Kazuya

ヒント

CD Track 95
DL Track 107

①「(スポーツなど) をする」play 「サッカー」soccer
②「好きである」like ③「教える」teach
③「(スポーツなど) をする」play
⑤「(テレビなど) を見る」watch

# Answers  Practice 1-2

## Practice 1

CD Track 96
DL Track 108

① My grandfather lives in Shiga.

② Hidemi wants to go to Hokkaido.

③ My dog sleeps under my bed.

④ Hanako always wears a red ribbon.

> 🔔 always は動詞の前にくることが多いよ。

⑤ Yuka has a brother.

> 🔔 have は s をつけるのではなく has になるんだね。

## Practice 2

CD Track 97
DL Track 109

① Kenta plays soccer.

　　　ケンタはサッカーをする。

② Kasumi likes cats.

　　　カスミはネコが好きだ。

③ Ms. Tanaka teaches English.

　　　タナカ先生は英語を教えている。

④ Tom and Mary play tennis.

　　　トムとメアリーはテニスをする。

> 🔔 主語が 2 人だから play に s はつかないよ。

⑤ Kazuya watches TV.

　　　カズヤはテレビを見る。

# 博士のトリビア

## sの理由

名詞にsがつくのと、動詞にsがつくのでは理由がちがうことに注意しよう。

**名詞** ➡ 複数（2つ以上を指す場合）にsがつく。

my book 「私の本（1冊）」
my books 「私の本（複数）」

**動詞** ➡ he/she/it の仲間が主語のときにsがつく。
言い替えると、単数（1人・1つを指す場合）でIとYou以外が主語のとき。

複数の犬の話だからs

Taro likes dogs. タロウは犬が好きだ。

主語がTaro 1人だからs

このように、動詞と名詞でsがつく理由は、ほとんど正反対なんだよ。

まあ、最初はややこしく思うかもしれないけど、だんだん慣れていけばいい。とにかく、英語は数が大切だ。

# s がつく動詞の否定文と疑問文

トリビアをもう1つ紹介するぞ。

he/she/it の仲間が主語になると動詞には s がつくということを学んだ。実は、この場合は否定文と疑問文の作り方が異なるんだ。

CD Track 98
DL Track 110

**Hanako plays tennis.**　　　　ハナコはテニスをする。

Hanako は she の仲間なので動詞には s がつく

**Hanako doesn't play tennis.**　　ハナコはテニスをしない。

その場合、否定文は don't ではなく doesn't

Does **Hanako play tennis?**　　ハナコはテニスをしますか？

そして、疑問文も do ではなく does

それ以外の場合と比べてみよう。

主語が he/she/it 以外

**I** like dogs.
私は犬が好きだ。

**We** don't like dogs.
私たちは犬が好きではない。

Do **you** like dogs?
あなたは犬が好きですか？

   **Yes, I** do.
   はい、好きです。

   **No, I** don't.
   いいえ、好きではありません。

主語が he/she/it の仲間

**Tom** likes dogs.
トムは犬が好きだ。

**Liz** doesn't like dogs.
リズは犬が好きではない。

Does **Ms. Tanaka** like dogs?
田中さんは犬が好きですか？

   **Yes, she** does.
   はい、好きです。

   **No, she** doesn't.
   いいえ、好きではありません。

それでは、次の日本語を英語にしてみよう。

① ハナコはテレビゲームが好きではない。
② ケンタはスマートフォンを持っていますか？
   はい、持っています。／ いいえ、持っていません。

 ① Hanako doesn't like video games.
   🔔 does not でもよい。

② **Does Kenta have a smartphone?**
   **Yes, he does. / No, he doesn't.**

CD Track 98<br>DL Track 110

では、次のページからナゾ解きクイズだ。

# ボスの名前は

強盗団に潜入捜査中の刑事からメモが送られてきた。そこには、ボスの名前が書かれているはずなのだが、暗号になっていてよくわからない。はたして、ボスの名前は？

Mr. Smith <u>need</u> <u>a good pen</u>.
　　　　　M　　　Z

My friends <u>likes</u> <u>video games</u>.
　　　　　　E　　　　N

Ken and Mary <u>is</u> <u>happy</u>.
　　　　　　G　　D

ナゾ解きクイズ 6-B

# 暗号解読

あるお金持ちの男性が大金を残して亡くなった。そして、その娘が助けを求めてやってきた。金庫の暗証番号がわからないというのだ。男性は番号を暗号にして残していた。番号は3ケタの数字らしいのだが、はたして、暗証番号は何だろうか。

_____ likes tennis.

(2) Tom    (5) You    (8) My friends

_____ are students.

(3) Mary    (4) We    (6) Ken

My dogs _____ dogfood.

(1) eats    (7) eating    (9) eat

# Tシャツをほしいのは誰？

あなたは、英語で書かれた手紙を Ken から受け取った。それには、誰かが T シャツをほしがっていると書いていたが、一番大事な「誰が」の部分がかすれて読めない。

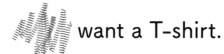 want a T-shirt.

状況と手紙の内容から考えて、可能性のあるのは、Tom、Mary そして Ken 自身だ。この中で、誰が T シャツをほしがっているのかを当て、その理由も答えよ。

(A) Tom　(B) Mary　(C) Ken

## 百科事典のまちがい

英語の文法を勉強中のタロウくんは、ある日英語の百科事典で図形の三角形に関する記事を読んでいた。そして、次の英文を読んだとき、たちどころにまちがいがあることに気がついた。

### A triangle has five angles.

さて、この文はどこがまちがっているのだろうか。そして、どのように直すべきだろうか。

triangle「三角形」 angle「角、角度」

### ナゾ解きクイズ 6-A

## ボスの名前は

ボスの名前は MEG である。3つの文の下線部で、まちがっている語につけられたアルファベットを並べると MEG となる。最初の文では、Mr. Smith「スミス氏」は he の仲間だから、need には s をつける必要がある。2つ目の文では、主語が My friends で複数なので動詞に s をつけないから like になる。そして、3つ目の文も Ken and Mary が2人を指すので、be 動詞は is でなく are になる。

### ナゾ解きクイズ 6-B

## 暗号解読

暗証番号は 249

空所に入る語句の番号を並べればよい。1つ目の文では、like に s がつけられていることから、主語は he/she/it の仲間でなければならない。よって、(2) Tom が正解。(8) の My friends には複数を表す s がつけられているから、like に s は不要。2つ目の文では動詞が are なので、you か複数を指す語でなければならないから、(4) We「私たち」が正解。3つ目の文は、My dogs が複数形なので動詞に s をつける必要はなく eat が入る。

## ナゾ解きクイズ 6-C
## Tシャツをほしいのは誰？

答えは Ken。want に s がついていないので、主語は he/she/it の仲間ではない。そして、このメモを書いたのは Ken だから、正解は Ken。彼は、おそらく、

I want a T-shirt.「ぼくは Tシャツがほしい」

と書いたのだ。

## ナゾ解きクイズ 6-D
## 百科事典のまちがい

正解は five を three に直す。英文はこのままだと「三角形は5つの角を持つ」となってウソが書いてあることになってしまう。本当は「3つの角を持つ」と書くはず。否定文にして、「三角形は5つの角を持たない」とするのも不可能ではないが、いちいちそんなふうに書く必要がないので、five を three とするのがよいだろう。

なかなか難しかったかな？
6-C と6-D のクイズは高レベル問題だよ。

# まとめ

■ want to 動詞で「〜したい」。

### I want to play soccer.

ぼくはサッカーがしたい。

■ like ＋動詞の ing 形で「〜することが好きだ」。

### I like playing soccer.

私はサッカーをするのが好きだ。

■ 動詞の原形から文を始めると命令文「〜しなさい」の意味。

### Open the door.

ドアを開けなさい。

■ 否定の命令「〜するな」は Don't ＋動詞の原形。

### Don't be late.

おくれるな。

■ he/she/it の仲間が主語になると一般動詞には s がつく。

### Ken likes tennis.

ケンはテニスが好きだ。

「さあ、次のナゾもがんばって解<ruby>解<rt>と</rt></ruby>くわよ」

「残念。今回はここで終わりだよ」

「なんですって！」

「ああ。1<ruby>巻<rt>かん</rt></ruby>と2<ruby>巻<rt>かん</rt></ruby>を終えた君たちは、小学校から中学1年生で学ぶ文法の大半を学んだことになる。よくがんばったね。続きはまた今度だ」

「ぼく、中学生になっても英語がんばるよ」

「私だって、練習してペラペラになるんだから！」

「楽しみだよ。わからなくなったら、またおいで」

**See you again!**
（またね！）

**著者紹介**

**石井 辰哉**（いしい・たつや）

1969 年生まれ。関西学院大学文学部卒業。TIPS English Qualifications 代表。
半年間で TOEIC500 点強から 900 点まで伸ばした自身の経験と独創的なメソッドを生かし、驚異的なスピードで受講生の英語力をアップさせている。計 2 年近く、数回にわたるイギリス語学留学の経験から、単なる知識の詰め込みではなく「使える」英語の習得を信条としており、小学生から成人まで、日本各地から入学する熱心な受講生が多い。
取得資格は、TOEIC990 点（満点 20 回以上）、ケンブリッジ英検特級（CPE）、実用英検 1 級。
著書は 30 冊以上あり、『イラストだから覚えられる 会話で必ず使う英単語 1100』（クロスメディア・ランゲージ）、『文法・構文・構造別リスニング完全トレーニング』（アルク）など。

［著者ウェブサイト］ http://www.tip-s.jp

| ●── 収録音声 | CD 72 分 / DL 76 分 |
| ナレーション | Maya Dale / Noah Stocker |
| | 西田 雅一 / Chris Koprowski |
| ●── カバー・本文デザイン | 足立 友幸（parastyle inc.） |
| ●── DTP・本文図版 | 飯尾 緑子（parastyle inc.） |
| ●── カバー・本文イラスト | 十々夜 |
| ●── 本文イラスト | ツナチナツ |
| ●── 校正 | 余田 志保（つばめパブリッシング） |
| ●── ネイティブチェック | Brooke Lathram-Abe |

---

**CD BOOK 博士からの指令! ナゾ解き小学英語〈2〉**

2020 年 4 月 25 日　　初版発行

| 著者 | **石井 辰哉** |
| 発行者 | **内田 真介** |
| 発行・発売 | **ベレ出版** |
| | 〒162-0832　東京都新宿区岩戸町 12 レベッカビル |
| | TEL.03-5225-4790 FAX.03-5225-4795 |
| | ホームページ　http://www.beret.co.jp/ |
| 印刷 | **モリモト印刷株式会社** |
| 製本 | **根本製本株式会社** |

ISBN 978-4-86064-616-5 C6082　　　　　　　　　　編集担当　綿引ゆか